# 品牌形象的塑造与传播研究

杨萍萍◎著

吉林出版集团股份有限公司
全国百佳图书出版单位

图书在版编目（CIP）数据

品牌形象的塑造与传播研究 / 杨萍萍著 . -- 长春：吉林出版集团股份有限公司，2023.3
ISBN 978-7-5731-3165-2

Ⅰ.①品… Ⅱ.①杨… Ⅲ.①品牌营销 – 研究 Ⅳ.① F713.3

中国国家版本馆 CIP 数据核字 (2023) 第 057037 号

## 品牌形象的塑造与传播研究
PINPAI XINGXIANG DE SUZAO YU CHUANBO YANJIU

| | |
|---|---|
| 著　　者 | 杨萍萍 |
| 责任编辑 | 关锡汉 |
| 封面设计 | 李　伟 |
| 开　　本 | 710mm×1000mm　　1/16 |
| 字　　数 | 230 千 |
| 印　　张 | 13 |
| 版　　次 | 2024 年 1 月第 1 版 |
| 印　　次 | 2024 年 1 月第 1 次印刷 |
| 印　　刷 | 天津和萱印刷有限公司 |

| | |
|---|---|
| 出　　版 | 吉林出版集团股份有限公司 |
| 发　　行 | 吉林出版集团股份有限公司 |
| 地　　址 | 吉林省长春市福祉大路 5788 号 |
| 邮　　编 | 130000 |
| 电　　话 | 0431-81629968 |
| 邮　　箱 | 11915286@qq.com |
| 书　　号 | ISBN 978-7-5731-3165-2 |
| 定　　价 | 77.00 元 |

版权所有　　翻印必究

# 作者简介

**杨萍萍**

　　烟台南山学院艺术与设计学院教师，本科毕业于河南师范大学美术系，硕士在读。教研方面，主持山东省本科教改项目《应用型高校艺术设计实践教学'课题导向式'创新模式研究》"基于应用型人才培养的艺术设计类专业'五应课题'教学模式研究"，获得烟台南山学院教学成果二等奖。《字体设计》课程评为烟台南山学院线下式一流本科课程。科研方面先后主持省部级项目《新旧动能转换背景下特色小城镇品牌形象研究》，其他厅局级项目4项；发表专著《旅游工艺品设计研究》1部；近年来在国家级、省级期刊上发表论文10余篇，论文《寻》《雀》发表于《艺术评论》由CSSCI收录；发表国家发明专利两项，一种多功能品牌形象广告宣传展示装置和一种视觉广告展示用多角度投影置。曾荣获第八届全国信息技术应用水平大赛全国团体二等奖和最佳优秀指导教师称号，指导学生获得国家级创新训练项目1项、创业训练项目1项，省级以上获奖20余项。

# 作者简介

## 柯美荣

柯美荣，山西省艺术研究院研究员。本科毕业于河南师范大学美术系，画 论方向，硕士、博士就读于南京艺术学院美术学系，设计艺术历史及理论方向。主持山西省社科联重点课题（省级）项目《民间艺术传承与设计教学的现代转换研究》，曾被评为"黄土高原晋中大型彩塑艺术的田野考察、记录和研究、保护与传播研究"，参与国家社科艺术学项目"艺术（乡村振兴）"课程建设和山西省山西艺术研究院项目《山西的传统技艺不断变化加品种的研究》，其他作品已经发表13项，其学术专著《漆画工艺品鉴赏》1部、近年来有国家级、省部级刊物发表论文10余篇，包括《民族艺术》《艺术百家》、由CSSCI收录，其余国家及刊物有、《中国陶瓷》等。曾获得国家级一等奖评奖、省部级奖励和比赛等，取得大量国家版权注册本项目实二等奖和市级优秀教师等荣誉称号；指导学生多次获得国家级项目1项，四项国家级项目1项，省级项目上获奖20余项。

# 前　言

品牌形象，指市场环境中企业及品牌在消费者心目中的独特的形象。它体现了消费者对于企业或品牌的综合评价与整体认知。总的来讲，品牌形象与品牌是不可分割的，品牌形象是对品牌实力与本质的综合表现。品牌形象设计包含多种要素的设计，例如品牌名称、标识语、标识物等。对于企业而言，良好品牌形象的树立尤为重要，必须采取科学方法，实现企业文化与品牌战略的可持续发展，塑造良好的企业与品牌形象。

随着市场经济的飞速发展，越来越多的企业意识到品牌战略在市场竞争中的重要作用。传媒广告业的发达，让品牌概念逐渐深入人心，品牌成为消费者选择商品的一个重要条件，产品品牌的知名度和美誉度与企业效益的关系越来越紧密。但是企业在推行品牌战略的时候，往往把主要精力用到塑造企业形象上，希望通过提升企业形象来打造产品知名度，并没有针对产品进行统一的形象设计和规范。目前，国内只有很少一部分企业重视产品的形象设计，而国外许多知名企业已经意识到了产品形象设计的重要性，并在产品的设计上取得了一定的成功，将本企业产品打造成具有鲜明特征、统一形象的品牌，巩固了产品的旧市场并开拓出新市场。

同时，随着信息技术的发展不断成熟，人们对互联网的依赖程度也在提高，消费者可以通过各种移动终端设备随时随地获取产品的品牌信息。新媒体环境下，企业和品牌形象的传播媒介和传播方式发生了翻天覆地的变化。传统的"单向推销式"传播方式已经不能满足网络环境下消费者的心理需求。新媒体传播平台有着不同于传统媒介的特殊优势。受众群体的精准性、多向的互动性传播、由点及面的扩散效应等优点，使网络新媒体传播方式逐渐成为企业宣传自身品牌形象和产品的新阵地。

本书共六章：第一章为绪论，分别介绍了三部分内容，包括品牌与品牌形象、品牌形象塑造、品牌传播；第二章为品牌形象的总体开发策略，阐述了品牌形象的调研与定位、品牌理念与行为规范、品牌命名与文化塑造三部分内容；第三章为品牌形象的具体塑造设计，重点论述了三方面内容，分别为品牌形象要素的系统设计、品牌形象要素的应用设计、品牌包装与推广设计；第四章为品牌形象塑造的创新与发展，具体阐述了品牌形象塑造的发展趋势、以消费者联想为导向的品牌形象塑造创新、新媒体环境下的品牌形象塑造创新；第五章为品牌形象的导入与传播，主要包括四部分内容，分别为品牌形象的导入，品牌形象传播的策略与手段，品牌形象的跨文化传播，品牌形象的管理、维护与危机处理；第六章为新媒体环境下的品牌形象传播，重点论述了两方面内容，一方面为新媒体环境下的传播概述，另一方面为新媒体环境下的品牌形象传播路径。

在撰写本书的过程中，作者得到了许多专家学者的帮助与指导，参考了大量的学术文献，在此表示真挚的感谢。

作者<br>2022 年 9 月

# 目 录

## 第一章 绪论……………………………………………………………1
### 第一节 品牌与品牌形象…………………………………………1
### 第二节 品牌形象塑造……………………………………………17
### 第三节 品牌传播…………………………………………………22

## 第二章 品牌形象的总体开发策略……………………………………30
### 第一节 品牌形象的调研与定位…………………………………30
### 第二节 品牌理念与行为规范……………………………………48
### 第三节 品牌命名与文化塑造……………………………………57

## 第三章 品牌形象的具体塑造设计……………………………………71
### 第一节 品牌形象要素的系统设计………………………………71
### 第二节 品牌形象要素的应用设计………………………………98
### 第三节 品牌包装与推广设计……………………………………106

## 第四章 品牌形象塑造的创新与发展…………………………………121
### 第一节 品牌形象塑造的发展趋势………………………………121
### 第二节 以消费者联想为导向的品牌形象塑造创新……………127
### 第三节 新媒体环境下的品牌形象塑造创新……………………133

第五章　品牌形象的导入与传播……………………………………138
　第一节　品牌形象的导入…………………………………………138
　第二节　品牌形象传播的策略与手段……………………………144
　第三节　品牌形象的跨文化传播…………………………………161
　第四节　品牌形象的管理、维护与危机处理……………………170

第六章　新媒体环境下的品牌形象传播……………………………178
　第一节　新媒体环境下的传播概述………………………………178
　第二节　新媒体环境下的品牌形象传播路径……………………183

参考文献…………………………………………………………………197

# 第一章 绪论

生活中,品牌无处不在,想要让品牌更加深入人心,必然要对品牌形象进行更好的设计,实现其最优传播。本章为绪论,重点对品牌与品牌形象、品牌形象塑造以及品牌传播进行阐述,旨在为后续品牌形象塑造与传播研究打下坚实基础。

## 第一节 品牌与品牌形象

### 一、品牌

**(一)品牌的起源**

"品牌"一词,源于古斯堪的纳维亚语"brandr",中文翻译为"打上烙印"。最初是指在马、牛、羊身上的烙印,用于区分其不同的归属。到了中世纪的欧洲,工匠们用这种方法在自己的手工艺品上打上烙印,用这种方式将产品的生产者是谁和产品的产地告诉给顾客,这就是商标的由来。商标的出现为消费者提供了产品质量担保,同时也保护了生产者的信誉。

16世纪早期,蒸馏威士忌酒的生产商为防止被人偷梁换柱,就已经懂得在装酒的木桶中烙上生产者的名字。1835年,苏格兰人为了维护用特殊蒸馏工艺酿制酒的质量声誉,发明了"Old Smuggler"这一品牌。

当然,如今的品牌内涵早已超出了这个范围。

**(二)品牌的定义**

关于品牌的概念,学界说法不一,这里先列举一些进行分析。美国市场营销协会对品牌的定义如下："品牌是一种名称、术语、标记、符号或设计，或是它们的组合运用，其目的是借以辨认某个销售者或某群销售者的产品或服务，并使之同竞争对手的产品和服务区别开来。""一个品牌往往是一个更为复杂的符号标志，它能表达出六层意思：属性、利益、价值、文化个性以及使用者。"①

奥美创始人奥格威就是一位品牌战略的倡导者，他认为，品牌是一种错综复杂的象征，它是品牌的属性、名称、包装、价格、历史、声誉、广告风格的无形组合。品牌同时也因消费者对其使用的印象及自身的经验而有所界定。

让·诺尔·卡菲勒认为："品牌反映了六种特性：品性、个性、文化、关系、使用者形象、消费者自我形象。"②

杰弗里·兰德尔认为："如果他们（目标顾客和消费者）能够看出一种产品具有将自己与类似产品区别开来的独特个性，并且他们能够描述这种个性和它所带来的无可匹敌的好处，那么这就是一种品牌。"③

约瑟夫·H.博耶特和杰米·T.博耶特在《经典营销思想》中提出："品牌就是铭刻在产品或服务上面的标签，它使该项产品或服务与其他的产品或服务区分开来，体现了该产品或服务的价值。"④

国内一些专家学者也提出了自己的看法和概念，他们认为：

"品牌不仅仅是一种符号结构，一种错综复杂的象征，更是企业、产品、社会的文化形态的综合反映和体现；品牌不仅仅是企业一项产权和消费者的认知，更是企业、产品与消费者之间关系的载体。"⑤

"品牌是在营销或传播过程中形成的，用以将产品与消费者等关系利益团体联系起来，并带来新价值的一种媒介。"⑥

---

① （美）菲利普·科特勒.营销管理[M].梅清豪，译.上海：上海人民出版社，2003，第466页.
② （法）让·诺尔·卡菲勒.战略性品牌管理[M].王建平，曾华，译.北京：商务印书馆，2000，第49页.
③ （英）杰弗里·兰德尔.品牌营销[M].张相文，吴英娜，译.上海：上海远东出版社，1998，第7页.
④ （美）约瑟夫·H.博耶特，杰米·T.博耶特.经典营销思想[M].杨悦，译.北京：机械工业出版社，2004，第37页.
⑤ 许安心.企业品牌危机管理研究[M].北京：中国广播影视出版社，2017.第13页.
⑥ 贾荣.乡村旅游经营与管理[M].北京：北京理工大学出版社，2016，第125页.

"品牌是企业为了区别于竞争对手，确立自身的产品或者服务，确定某个或某些经销商而建立起来的与众不同的名称或标志。"[①]

这里有必要先说明一下品牌和产品的关系。我们知道，产品是具体的，是消费者可以看到的和触摸到的"物"，产品具有实用的功能而提供人们使用，这只是基本的也是必要的条件，但具备这一功能还不足以构架一个品牌，不是所有的产品或服务都能成为真正的品牌。品牌作为商品的代码，它既是物品本身可供识别的一个符号，又是消费者对产品使用所接触的品牌形象；品牌是一个抽象的概念，是消费者对某种产品的印象及使用感受，也可以说是产品本身的特征、功能和个性等在消费者心目中的体现。因此，产品是品牌产生的基础，有了好的产品和服务，才能构建出好的品牌。反之，如果没有好的产品和服务，品牌就根本不可能存在。

由此可见，一个良好的品牌是建立在产品和服务之上的，包含着复杂的关系和因素。现代企划的鼻祖斯蒂芬·金认为产品是工厂所生产的东西，品牌是消费者所购买的东西。产品可以被竞争者模仿，但品牌则是独一无二的。产品极易过时落伍，但成功的品牌却能持久存在。产品往往是有生命周期的，而品牌是有生命力的，它可以创造未来和奇迹。无疑，一个良好的品牌可以产生连锁反应，厂家可以生产出系列产品，并保证同一品牌的产品更新换代。同样，消费者则容易认同和接受同一品牌的不同产品，因为品牌的信誉度是在长期的接触和使用中建立起来的。

因此说，品牌是有生命力的，一个著名的企业总是以创造永久性品牌为企业经营目标，并满足消费者的各种需求以确保品牌形象符合时代发展趋势。

再回到上述定义中来，我们将其归纳一下，可以找出一些共同点：

第一，品牌定义中包含着符号识别这一表层形式。一个品牌必须拥有产品和服务的名称和标志，目的是借辨认来实现商品购买和使用的功能性价值。具体地说，它是企业或产品与消费者之间关系的视觉载体，是品牌表层的、显见的东西。品牌的名称和标识出现在产品的包装和广告之中，它是非常实用和有效的东西，当商品在场时，即在商品与商品之间、商品与消费者之间有着识别辨认的功能。

---

[①] 郭振玺，丁俊杰.影响力营销[M].北京：中国传媒大学出版社，2005，第155页.

品牌标志又是一种权益，它是具有法律依据并受法律保护的东西，于是，商标就成了某种商品交换手段的证物，品牌标识的识别性和合法性在商业社会中日益重要，消费者在重复购物和使用中为寻找品牌名称提供了可靠保证。

第二，品牌是一个集合概念。品牌是企业的无形资产，是企业、产品与消费者之间关系的载体，品牌表示某一特定价值和质量保证。消费者对企业产品的直观感受和使用体验关系着他们对该产品的认可度以及对品牌的忠诚度，这就是所谓品牌价值。从传播者的角度来看，它反映了商品和服务的属性、利益、价值、文化、个性等特性和内涵。品牌概念成为企业经营哲学和企业文化的重要部分，品牌在市场化竞争和生存中，需要什么样的创新意识、执行什么样的标准都反映出品牌的内涵。从接收者的角度来看，品牌是虚拟的心理感受，是对产品的价值和使用感觉构成的综合心理印象。品牌核心概念中所包含的文化和个性，是令品牌脱颖而出的本质内容，也是最容易被接受者所关注的东西。因为只有具备这种文化内涵和鲜明个性才能带来无可匹敌的优势。所以说品牌的传播和推广体现的是品牌的价值层面。例如，品牌的个性、品牌的审美风格、品牌文化品位等。用这些元素来共同塑造一个正面的、积极的品牌形象。

第三，品牌是一种"心理图像"，存在于人们心智中。传播学理论研究认为，受众接受传媒提供的信息后，会根据个人的理解和认识形成某种心理图像，并具体反映在现实的行为之中。品牌在受众中"心理图像"的形成，一方面是消费者接受的品牌广告宣传，以及在消费产品时，形成的某种印象，另一方面，也会受到消费者个体的价值观、对产品的期望值等因素的影响。品牌"心理图像"是消费者内在心理对外在产品的反映，它的作用远远超过视觉的品牌图像，品牌"心理图像"不是品牌的外包装，也不是指品牌狭义的形象力，而是建立在认知的过程中，也就是消费者通过与品牌的接触，对该品牌产生的印象和认知。消费者的体验和认知决定该品牌在个体心目中形象。可以说，认知大于事实，品牌的认知要大于产品的事实，受众的认知产生的"心理图像"决定着品牌的价值。

第四，品牌是一个整体的、系统的、完整的符号。符号具有交流思想、表达意见的功能。符号可以直接表达某种思想，它是思想和意识的载体。符号是人们交流的语言，品牌也是商品与人交流的语言，由符号的能指和所指产生意义，品牌的意指具有包括商品以外的复杂的指涉意义。品牌是一个被认知的实体，它具有主体与对象之间刺激与反应的关系，包含着错综复杂的象征意义。品牌符号具有某种象征价值，品牌的价值主要体现在商品的使用价值和交换价值，同时，也表现在实际运用价值以外的附加值。也就是说，品牌这一符号系统在消费社会中已产生了非物性的符号价值。

鲍德里亚已经断言，商品的符号价值已经变得日益重要，符号的象征价值已经赶上了商品的使用或实用价值的有限性。因此，品牌的象征价值这一点非常重要，城市生活中人们的购物行为也证明了这一断言，就是购物的行为是依据一系列特殊的、社会建构的价值而执行的，这些价值与商品有关，但不是商品所固有的。同时，在消费社会中，拥有档次的、名牌的物质产品，还可以来确定一个人的社会等级和消费品位，并表明个人的社会地位。于是，品牌符号开始成为一种象征语言，并体现出人与社会关系的消费文化特征。

第五，品牌是一种链接关系的载体。品牌是核心，品牌的核心价值及经营原则是持续性的，它建立在企业内部和企业外部的整体关系之中。一方面企业将品牌目标和品牌管理视为工作的重点；另一方面消费者对于品牌信任和品牌依赖也越发明显。品牌要想具有活力和市场竞争力，就必须顺应和满足消费者需求这一中心。创立品牌就是建立和加强消费者与产品之间关系的过程，并在市场的激烈竞争中维系着消费者与品牌之间的关系，这种关系的链接与锚定需要坚实的基础和创新的策略，如产品质量、价格定位、销售路径和传播推广，也就是在这种关系之上不断地创新、发展和管理好品牌。

因此，在现代商业活动中，重视品牌策略和品牌营销已成为企业战略的组成部分。品牌传播和品牌营销也就是为了与消费者的接触和沟通而建立某种关系，广告即营销，营销即广告，品牌传播和品牌营销是一把双刃剑。

广告以独特的创意，在品牌和消费者之间注入情感诉求，拉近消费者与品牌的距离；广告还会帮助品牌传递某种价值观和生活方式，并引导消费者接受。营销传播主要起着销售通路的积极作用，通过专营店铺、促销活动和事件营销传播等的互动关系，使得消费者与产品之间关系得以建立和维护，这种关系同样也需要品牌理念和方式来管理。

## （三）品牌的特征

### 1. 可识别性

可识别性是品牌的外在特征，是通过品牌名称、标志等符号系统显现出来的特征。品牌一般都承载着丰富的企业文化、企业理念和价值观，这些都可以通过品牌形象显示给受众，并且具有区别与其他品牌的个性化、差异化特征。在受众心目中树立具有延续性的符号化载体和信息，帮助受众在品牌的选择和认知过程中，和其他品牌形成明显的差异性划分。

### 2. 排他性

从品牌的缘起来看，品牌拥有者为了区别竞争品牌和同类品牌，并保护自身品牌的独特优势和品质，会采取相关措施促进品牌的建构和成长。在有关法律保护下，品牌经过一定的法律程序，它的拥有者享有对该品牌的专有权、知识产权。根据知识产权相关法律，品牌拥有者有权要求其他企业不得使用和仿冒。在品牌的使用、品牌的价值使用和品牌价值的共享等方面，品牌授权经营和知识产权转让体系在为品牌拥有者提供了排他性权利的同时，也提供了获得相应品牌经营收益的合法途径。

### 3. 表象性

品牌是一种无形资产，最初目的是让人们通过差异化符号记忆将其区别于其他品牌。品牌理念、品牌文化等无形的内涵都可以通过有形的物质载体来展示出来。这种物质载体包含直接载体和间接载体。直接载体有品牌标志、文字宣传、视频广告等；间接载体主要体现在产品方面，包括产品价格、产品质量、产品知名度、市场占有率等。品牌是消费者对企业的认知，它包括了对企业形象、企业产品、企业服务的认知。表象的载体认知是品牌认知的基础性环节。

### 4. 高附加价值

在竞争激烈的市场经济时代，品牌是市场竞争的重要利器，强势品牌及知名品牌更容易获得市场认可，获得广泛的忠实客户，从而使企业在市场竞争中处于有利地位。品牌及其背后包含的高附加值，包括品牌价值、理念、文化等，比固定资产和资本更有的核心竞争力优势。品牌的高附加值让拥有该品牌的企业更易在市场中争得一席之地，并获得持续不断的经济效益。

5. 不确定性

品牌在成长过程中，也面临着许多不确定因素。内、外部不利因素的干扰，会影响品牌的成长速度及品牌的价值，而因经营不善、信用危机、产品品质下降等导致的品牌危机，也会影响品牌本身的健康发展，甚至导致品牌的失败。

为此，应该充分认识品牌的不确定性，在品牌建构和完善过程中，充分考虑各种因素，规避不利因素，避免盲目经营和安于品牌现状，通过品牌危机预警机制防范不确定因素可能导致对品牌不利的事件发生。

6. 可持续性

品牌的建立是一个长期的过程。它需要长期的输出影响和市场积累，以及不断的品牌升级。所以，它产生的价值和品牌效应也具有长期性。一个成熟的品牌，可以为其拥有者带来持续不断的经济效益和附加价值。此外，应以可持续发展的视角审视品牌发展的历程，为品牌发展持续投入人力、物力、财力，维护品牌本身的可持续发展。

（四）品牌的类型

1. 按品牌影响力覆盖范围分类

品牌覆盖的范围就是它的影响力。按照覆盖范围大小，可分为地方品牌、民族及国家品牌、国际品牌和全球品牌。

（1）地方品牌是指品牌影响力和辐射力限于某一区域，被地方公众认知、认可的品牌，如周村烧饼、南京桂花鸭、石库门上海老酒等。这些地方品牌可在区域市场拓展方面积极努力，使其影响力与覆盖范围不断扩大，获得更大的市场份额。

（2）民族及国家品牌是指被本民族及国内的公众认可的品牌，其市场占有率较高，品牌竞争优势显著，并获得国家相关政策扶持，其美誉度和消费者对它们的认知度较高。获得中国驰名商标的品牌是国家品牌的中坚力量，如贵州茅台、少林寺（文化品牌）、中华香烟等。

（3）国际品牌是指被世界公众广泛认可的品牌，具有较高的国际影响力和知名度，在各自的市场领域占有较高的国际市场份额。

（4）全球品牌比国际品牌的影响力更高，是在全球市场竞争中符合国际标准，在全球竞争中占有领先地位的跨国、跨区域品牌，具有较高的国际知名度和信誉度，具有强大的品牌竞争优势和品牌价值，如可口可乐、麦当劳、大众汽车、微软等。

2. 按品牌目标群体分类

根据品牌面向的目标群体，可分为特殊人士专用品牌、大众品牌、高端品牌和定制品牌四大类。

（1）特殊人士专用品牌

面向特殊群体（如残障人士、孕妇等）提供的特定产品或服务品牌，具有较强的目标客户针对性，如国内近几年来发展起来的"十月妈咪"孕妇装和"章光101"头发护理系列产品等。

（2）大众品牌

面向普通大众的品牌，具有广泛的目标群体需求，一般消费者的购买力能够承受，如李宁、青岛啤酒等。

（3）高端品牌

面向少数购买能力较强、追求高品质消费群体的特定品牌，具有高定价、低产量的特征，如劳斯莱斯（Rolls-Royce）、香奈儿（CHANEL）、劳力士（ROLEX）等奢侈品牌。

（4）定制品牌

为特殊目标群体提供定制式产品和服务的特殊品牌，它们以目标受众的特殊需求为基础，品牌影响力仅限于小众圈层，如疫苗类药品、定制服装、定制式珠宝首饰等。

3. 按品牌成长周期分类

产品及企业均有生命周期，普遍经历诞生、成长、发展、成熟、稳固、衰退、消亡的过程，而品牌成长周期与其大致相同。按品牌成长周期来划分，可以将品牌分为六类，即新品牌、发展品牌、成熟品牌、领导品牌、衰退或消亡品牌和老字号品牌。

（1）新品牌是指处于诞生期或初创期的品牌（雏形）。

（2）发展品牌是指处于市场发展期的品牌。

（3）成熟品牌是指处于市场成熟期的品牌。成熟品牌的竞争优势是显而易见的，不同品牌在市场中的品牌价值和效益也是不同的。

（4）领导品牌是指处于市场成熟期和稳固发展期的，在同类市场竞争中占据领先地位和具有较高影响力的品牌，如联想计算机、美国吉利剃须刀等。

（5）衰退或消亡品牌是指处于市场衰退期，面临品牌老化和被市场淘汰的品牌，以及在品牌成长过程中"夭折"的不成熟品牌。

（6）老字号品牌是指具有一定历史传承性，发展周期在百年以上，具有较高文化价值和历史价值的老品牌，如北京同仁堂、王老吉等。

4. 按品牌属性分类

按品牌属性划分，可将品牌分为三类，即产品品牌、服务品牌、企业品牌。

（1）产品品牌是指为消费者提供产品生产、消费、流通、交易等相关服务的品牌。

（2）服务品牌是指提供各类有偿服务的品牌。

（3）企业品牌是指以企业闻名为特征的品牌。

5. 按品牌所属行业分类

不同行业有不同的品牌，根据不同行业的属性和特征，产生了许多知名品牌，例如，烟草行业中的玉溪、苏烟；汽车行业中的奔驰、宝马、奥迪、保时捷；计算机行业中的惠普、联想、三星；手机行业中的华为、小米；服装行业中的李宁、劲霸、七匹狼等。

6. 按品牌发源地分类

根据发源地的不同，品牌可划分为国外品牌、合资品牌和国内自主品牌。国外品牌是隶属于国外企业的独立品牌；合资品牌是有外资背景，且在国内设置合资公司，拥有品牌生产销售网络的品牌；国内自主品牌是国内自主开发的、隶属于国内企业的品牌。

7. 综合型分类

从品牌的一般分类来看，一些新的品牌很难划分在某一类或某几类中，为此，本书提出综合型的分类方法，从不同层面综合考虑新旧品牌类型的范围，将品牌分为以下 7 种类型：

（1）战略品牌，包括国际组织品牌、国家级战略会议品牌、国家品牌、国家级活动品牌、政府品牌、民族品牌等。

（2）资源要素品牌，包括城镇、村落、街区及公共场馆品牌，旅游地品牌，历史遗产品牌，水土资源品牌，民间工艺品牌，地方特产品牌等。

（3）企业/组织品牌，包括企业品牌、非企业组织或机构品牌、公益性组织品牌或协会类品牌等。

（4）事件品牌，包括体育赛事品牌、展会品牌、节庆品牌、演艺类品牌或民族、民间活动品牌等。

（5）产品及服务品牌，包括产品品牌、服务品牌等。

（6）虚拟品牌，包括影视品牌、新媒体品牌、虚拟在线品牌、动漫及游戏品牌等。

（7）个人品牌，包括企业家品牌、名人品牌、明星品牌、形象代言人品牌等。

### （五）品牌的效用

现代品牌的效用主要可以概括为以下四点：

#### 1. 品牌是产品或企业价值核心的体现

品牌可以帮助消费者记住商品。企业的一般目标是把产品销售给目标客户，更高的目标是使客户产生很好的体验感，从而实现重复购买，最终形成对品牌的忠诚。消费者在使用品牌产品时，体验感很好的话就会形成对品牌的消费经验，并将这种经验储存在大脑中，为将来同类产品的购买决策提供依据。还有一些企业会给自己的品牌赋予一定的美好情感或者文化，便于消费者将品牌和品牌产品储存在记忆中，只要有类似的情感体验就会不自觉地想起该品牌，从而提高品牌知名度和美誉度。

例如，快餐品牌"肯德基"。当人们听到这个名字，就会感到一种美式餐厅文化，联想到品牌传达的卫生、标准、食品质量。"肯德基"品牌也能引起儿童消费者联想到在餐厅里快乐的回忆。

#### 2. 品牌是识别商品的分辨器

品牌的建立是为了便于消费者区分产品或服务，是源于竞争的需要。因此，品牌设计应该体现商品鲜明的个性。利用独创性的、体现个性的图案或者文字，来区别同类竞争产品。同一类产品会有着不同的品牌，代表着不同质量、不同形式、不同服务的产品，多个品牌能够为消费者购买行为提供比较和借鉴，使其能够根据需要选择品牌。

比如，人们购买电视机时一般会看到这样几种品牌：松下、三星、创维、长虹、飞利浦等。每种品牌的电视机代表了不同的产品性能、不同的使用体验、不同的心理目标。消费者可根据自己的喜好和需要，依据产品特性选择品牌。

3. 品牌是质量和信誉的保证

企业创立品牌的目的，是为了使其可持续发展，形成面向消费者的品牌记忆。为达到目标，必然会持之以恒地在产品质量和服务上下功夫，保障品牌的质量和信誉。

从企业发展的角度看，品牌必须要变成名牌产品，才能够长久地在市场竞争中立于不败之地。品牌本身就是产品质量的保障，代表着企业的信誉。比如，"格力"品牌，人们购买家电时，提到"格力"就会联想到高质量、优质售后以及格力品牌国货之光，精工制造的品牌形象。

4. 品牌是企业竞争的利器

在当今激烈的市场竞争中，"树品牌、创名牌"是企业达成的共识。任何一个企业，其目标都是通过建立品牌吸引更多的追随者，以提高市场占有率，使品牌成为企业竞争最有利的武器。

品牌，特别是知名品牌在形成过程中，会吸引一批消费者追随，并通过品牌培养用户的忠诚度、信任度。这样企业在与对手竞争中就拥有了客户基础。品牌形成之后，其开拓市场的能力也会相应提高，一方面带动企业进入新市场，另一方面还可以带动新产品迅速打开市场。品牌本身就是企业最重要的资产，因此企业可以用自己的影响力，通过一定的形式如特许经营、加盟等，迅速实现企业的扩张。总之，品牌作为市场竞争的利器，为企业带来的价值常常是不可估量的。

## 二、品牌形象

### （一）品牌形象的定义

1955年，希德尼·莱维提出了"品牌形象"（Brand Image）的概念。所谓品牌形象，是指品牌构成要素在消费者脑海中的印象。消费者对品牌形象最直接的印象，来自品牌的名称、包装等外在表现，以及价格、声誉、质量等内在属性。两者共同构成了品牌形象。品牌形象并不是自发性的，而是一个涉及商品、营销、服务等因素的一个系统性的工程。

本书综合学界部分学者的观点，对品牌形象之定义进行总结，大致包括以下几种学说：

（1）品牌策略的角度，品牌形象是处于竞争中的产品或服务、差异化的集合。

（2）品牌形象是一种品牌管理办法。它体现了营销者的对经营理念以及对产品的期望值。认可这种说法的人还认为，任何产品和服务都可以用符号性、功能性的要素来体现其形象。

（3）品牌形象的三大要素是产品属性、消费者利益与品牌个性。品牌可用人性化的个性来加以描述，如年轻、友善等，而品牌个性的特质也可反映出经由品牌所引发的情感与特性，并能了解消费者在众多产品项目中的选择因素。

（4）品牌形象为一种消费者对于品牌联想的组合。它包括三个组成部分，即产品属性、消费者的利益、品牌的特质。

（5）品牌形象是客户对品牌名称产生联想的属性构成的。它又有三种附属形象：制造者的形象、使用者的形象和产品本身形象。

（6）品牌形象是存在于客户脑海中的、与产品相关的联想。可以细分为品牌联想的喜爱度、品牌联想的形态、品牌联想的强度和品牌联想的独特性四个部分（图1-1）。

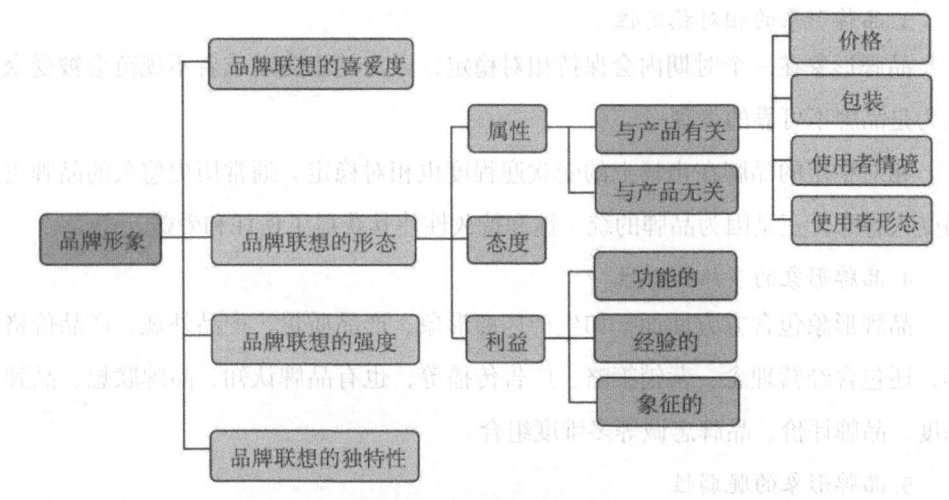

图 1-1 品牌形象的一种定义

（7）20世纪80年代，出现了品牌个性化与品牌形象的人格特质两种说法。按品牌个性化的说法，品牌和人一样有自我独特人格与个性；品牌形象的人格特质是将消费者的独特的自我意识和产品的形象融合为一个整体。按照这两种观点，品牌形象就是产品个性以及消费者对品牌的印象。

综合上述对品牌形象的定义，本书将品牌形象看作一个综合性的概念。品牌形象是感知主体的一种主观体验，它受感知方式和前景的影响，在心理上形成的一个联想集合体。品牌形象同时也是一种资产，是企业理念和文化的外在体现。

### （二）品牌形象的特征

#### 1. 品牌形象的记忆性

记忆度的高低决定品牌意识的强弱。多个记忆叠加起来进而构成完整的印象，印象又可以引发联想满足顾客需求。在实际感受到的品牌印象中，记忆对帮助大脑构建品牌印象占有较大比例。品牌如何能够进入受众记忆、被受众所接受、进而被受众喜爱，是品牌化战略的重要环节。

#### 2. 品牌形象的复杂多样性

消费者的形态各不相同，地理、人口、民族、文化等要素对品牌在市场上的传播效果产生不同作用，受众的认知、理解能力以及接受程度不一样，对品牌形象会有千差万别的解读。

3. 品牌形象的相对稳定性

品牌形象在一个时期内会保持相对稳定，因为随意变动或者不规范会被受众认为是品牌不可靠的表现。

相对稳定的品牌在市场上的受欢迎程度也相对稳定。通常历史悠久的品牌更易受人青睐，正是因为品牌的统一性和持久性使其获得了信任和爱戴。

4. 品牌形象的多维组合性

品牌形象包含方方面面，如生产厂商形象、产品质量、产品外观、产品价格等，还包含经营理念、营销策略、广告传播等，也有品牌认知、品牌联想、品牌态度、品牌评价、品牌忠诚等多维度组合。

5. 品牌形象的脆弱性

在信息传播尤其是网络信息传播速度加快的情况下，品牌公关和品牌危机处理受到了更多企业的重视。品牌形象可能会因为一些负面问题的影响出现信任危机，如产品质量问题、企业经济问题、管理人员丑闻等。一旦出现这些负面新闻，企业好不容易建立起来的品牌形象可能会一夜间坍塌。这样不但会失去消费者对品牌的信任，严重的还会造成品牌的覆灭。因此品牌形象是很脆弱的，需要企业从上至下、从始至终地呵护。

6. 品牌形象的可塑性

品牌并不是永久不变的，有目的、有规划地对品牌进行塑造，可以将品牌形象以最好的姿态展现给受众。重视对原有品牌的改造，根据市场需求变化，赋予品牌新的内涵和外延。不间断地利用各种媒体做好品牌传播，提升品牌知名度，促进品牌价值的可持续发展。

7. 品牌形象的复合性

品牌形象具有复合性，它是多种元素的集合体。品牌形象不仅是消费者对产品图像、包装等外在形式的印象，还是品牌理念、文化等内涵性要素在受众心目中的综合反映。此外，品牌形象还会受到受众的知识经验以及情绪等要素的影响。

8. 品牌形象的发展性

品牌形象的发展性是指，品牌形象不是一成不变的，需要随着时代的发展变化做出调整。因为市场是发展变化的、人们的需求是发展变化的，如果品牌一成不变的话，就会影响其发展。因此，品牌形象要根据内外环境变化适时做出调整，才能够满足消费者的需求，品牌形成才能持久。有的品牌形象几十年才调整一次，这样会让消费者无所适从。

例如，荷兰皇家壳牌集团，从1900年至1999年，一直以一个蚌壳图案作为公司的标志。在过去的近100年的时间里，壳牌标志经历了9次变化，每一次的演变都围绕蚌壳图案展开，每一次的改动都以视觉一致性和传达统一的品牌价值为宗旨，进而能寻求企业的更好发展。总而言之，变化是品牌保持活力的根本。

### （三）品牌形象的构成要素

品牌形象分为两种，内在形象和外在形象。其中，内在形象包括产品形象、文化形象；外在形象包括品牌标志系统形象、品牌信誉及品牌美誉度。

1. 品牌的内在形象

品牌的内在形象包括产品形象、文化形象。其中，产品形象是前提和基础。这是因为人们对品牌的认识最初是来自于对其产品的认知，特别是对产品的功能和质量的认知。品牌形象是和产品的功能性相关联的形象。品牌文化形象，指的是品牌所体现的企业文化以及消费者对它们的评价和认知。

2. 品牌的外在形象

品牌的外在形象，指的是消费者对品牌的感知和印象。主要包括品牌标志、系统形象（如品牌名称、商标、包装、色彩等）、品牌的信誉及品牌美誉度。

品牌外在的视觉形象是消费者对品牌最直接、最快速的印象。品牌通过标志，将理念和产品特点传达给消费者。品牌信誉指的是消费者对该品牌产品质量的信任度，以及对品牌形象形成的一个认知。品牌信誉的提升是一个长期过程。

### （四）品牌形象对企业与消费者的影响

1. 品牌形象对企业的影响

（1）品牌形象可以稳定客源

品牌形象设计的目的是为了将产品与同类产品在市场竞争中做出区分。并且通过个性化的产品设计，在消费者心中形成独特的品牌识别，从而减少消费群体的流失。部分消费者更有"非此牌子不买"的行为，原因是品牌良好的形象已给消费者带来高品质和高信誉的保证。故我们常听到："我只喝这个品牌的汽水""我只用这个品牌的化妆品"。

固然品牌和品牌之间存在着一定的质量和价格的差异，但如果把它们的包装去掉、把它们的标志去掉，那么它们在消费者眼中可能就不会存在太大的差异。曾经有一个实验，把可口可乐和百事可乐的包装全部去掉，大部分人会觉得百事可乐好喝些，但把它们的包装重新装上，人们就会觉得可口可乐更好喝一些。这个案例体现出品牌形象对产品，甚至对一个企业的影响力是非常大的。

（2）品牌形象可以塑造品牌个性

品牌形象是为企业所创造的、独有的、个性的形象。优秀的品牌将企业与本身融为一体，并能向消费者传递信息。在商品同质化严重的市场中，让消费者看到该品牌，就能想起其产品和服务，对其产生好感，从而激起消费的购买欲望。同样都是豆浆，街边摊的豆浆只能卖 1 元一杯，但有独特标志和品牌形象的永和豆浆，却能卖出其好几倍的价格，其原因就是品牌形象的塑造。

（3）品牌形象可以减少新产品的入市风险和成本

品牌形象可以减少新产品初入市场的风险和成本。一个成功的品牌，可以扩大企业的产品组合或延伸产品线，促使新产品一推出市场就抢占商机，令名不见经传的产品因所属品牌形象设计的成功而让消费者对该新产品产生偏好，有效降低宣传和新产品开发的成本。

（4）品牌形象可以使企业品牌增值

一个经营成功的品牌形象，其价值作用是无法估计的。可口可乐的总裁曾经说过这样一句话，即使把可口可乐在全球的工厂全部毁掉，它仍然可以在一夜之间东山再起。这就是品牌形象的巨大力量。它虽然是一种无形资产，但其价值已经远远超过了厂房、货币、人力等企业要素。

品牌形象就是产品的外衣，给它穿上一件漂亮的外衣，它的附加价值就可以不断地提升。即使是同类的产品，贴上不同品牌的标签，其价格也会产生差异。品牌通过各种形象符号持续不断地刺激外界，在消费者头脑中建立起个性化的形象，最终使品牌形象与消费者两者达成共鸣。最后，品牌通过持续的广告投放，潜移默化中将品牌概念植入消费者内心，最终达到带动销售的目的。

2.品牌形象对消费者的影响

品牌形象对消费者的影响主要表现在以下三个方面：

（1）对消费者的认知产生影响

社会的发展使得消费者的消费需求更容易得到满足，但是一般来说，都是企业先生产出产品，然后通过宣传引起消费者的兴趣。消费者对产品的认可度，基本上会受到品牌因素的影响。对于已经很熟悉的品牌，消费者对其生产出的新产品，更容易去接受和尝试使用；而对于一些他们不熟知的、不了解的品牌，消费者则要花费更长的时间去认知。

（2）对消费者的决策速度与品牌选择产生影响

消费者更喜欢去购买一些知名品牌或老字号的商品，他们对这些商品更为放心。在对这些商品进行购买时，他们会花费相对比较少的决策时间，或者毫不犹豫地进行购买。

（3）对消费群体的购买行为产生影响

市场上一些知名品牌，有着稳定的形象，消费者对其更加信任，印象也更加深刻。因为消费者对这样的品牌了解得更多，在消费行为产生的时候，消费者对这类品牌会搜集到更多来自他们之间的使用信息、产品评价等，从而可以互相参考，受从众行为的影响更容易产生购买欲望。

## 第二节　品牌形象塑造

### 一、品牌形象塑造的一般原则

品牌形象塑造不是一蹴而就的，它是一个长期的、系统的工程。为了实现塑造良好企业形象的目标，企业在塑造品牌形象时应以一定的原则作为指导。

（一）民族化原则

在经济全球化时代，民族文化特质能够支持品牌获得国际认可。品牌在空间上的国际化，并不是以牺牲自身品牌文化内涵为代价的。相反，民族性、本土化的品牌文化，更容易因其民族特点得到认可。一个成功的走向国际的品牌，一定是能够体现品牌所在国家的民族文化内涵的品牌。

### （二）差异化原则

根据差异化原则，在塑造品牌形象的过程中，展现出品牌的独特性是十分必要的。毫无特色的品牌形象，无法与其他品牌区分开，更不用说给消费者留下深刻印象了。品牌之间互相模仿导致相似性增大，消费者选择时就难以做出抉择。这时，如果品牌有自身个性化突出的形象，就能脱颖而出，较好地吸引顾客，从而获得较大的市场占有率。

### （三）个性化原则

树立品牌形象其实就是确立个性，它能使品牌在市场上占据一席之地。

决定品牌在消费者心目中地位的，不是产品之间微小的差异，而是品牌的总体形象。同样，消费者购买某种品牌的产品，更多是因为该品牌形象能满足自身身份地位或情感需求。

### （四）全面考虑原则

品牌形象的塑造需要考虑到因素很多。从宏观上来说，需要考虑国家法律、社会文化及本地区的风俗习惯。从微观上来说，要考虑竞争对手、社会消费习惯、媒介、消费者、政府等因素。企业在打造新品牌时，应综合考虑各种因素及其关系，其中，主要应该考虑的是打造品牌时应充分考虑各种因素的关系，综合衡量，最主要的是合作者、媒介、竞争对手和消费者。

### （五）长期性和兼容性原则

塑造品牌形象是一个长期的战略。所以，在塑造品牌形象时，必须做好长远规划，从全局考虑，并做好统筹安排坚持不懈地进行下去。品牌形象是企业形象的一部分，塑造品牌形象应充分考虑和企业形象的一致性，并使其相互促进，达到企业和品牌长远发展的目的。

同时，品牌形象也是企业形象的重要组成部分，塑造品牌形象应与塑造企业形象相互促进，兼容并蓄，谋求企业及其品牌的长远发展。

## 二、品牌形象塑造的一般策略

### （一）文化导向策略

品牌文化是在企业、产品及服务历史传统基础上形成的品牌形象、品牌特色以及品牌所体现的企业文化及经营理念的综合体。品牌需要以品牌文化为导向，品牌文化能够促进品牌形象的提升，为品牌带来高附加价值。任何一个国际品牌，都是建立在本国、本民族深厚的历史文化基础上的。除品牌文化之外，社会文化的各类形态也是品牌形象塑造过程中需要充分考虑的表现内容和创意元素。

### （二）品牌形象代言策略

在市场营销中，代言人指的是助力企业传播品牌形象以达到盈利目的的专职人员。20世纪上半叶，力士香皂就采用了邀请影视明星代言的方式，将明星肖像印在广告上，成功地塑造了力士品牌形象。

品牌形象代言策略是塑造品牌形象性策略，一般通过聘请名人、明星代言的方式，借助名人、明星效应，促进品牌形象的塑造和品牌活动的推广。运用品牌形象代言策略，能够扩大品牌的知名度和认知度，拉近品牌与受众的距离。

### （三）心理定位策略

消费者的消费行为是不断变化的。总体来说分为三个阶段：量的消费阶段、质的消费阶段、感性消费阶段。消费行为达到感性消费阶段后，消费者从追求产品转变了追求情感上的满足，他们更看重产品和品牌本身的内涵对自身情感需求的满足。因此，企业需要了解消费者的消费心理转变，帮助品牌建立起心理定位，来唤起消费者的心理共鸣。

### （四）情感导入策略

品牌并非符号的组合，好的品牌同人一样是具有自我个性和表现力的，甚至有自己的情感。情感链接是品牌和消费者沟通的桥梁。品牌想要在消费者心目中长久存在，通过品牌的情感导入使品牌拥有情感意义打动消费者，可以令品牌形象更加深入人心。

### （五）专业权威形象策略

树立专业权威形象的目的是突出品牌在本行业的领头人地位。因此，要增强品牌元素的权威性，才能提高消费者的信赖度。专业权威形象策略一般通过专业权威人士代言、权威认证、权威实验成果等方式呈现，强调品牌在技术、质量、服务程序等方面的领先优势。

## 三、品牌形象塑造的一般流程

塑造品牌形象，首先，要明确品牌形象塑造的原则，确定品牌定位及品牌气质；其次，确定表现品牌形象的元素，包括外显性元素和内隐性元素，实施品牌相关产品的形象塑造策略，形成独具特色的、鲜明的、能够反映品牌核心价值的品牌形象，确定进行品牌传播的途径，将品牌形象传达给目标消费者；最后，要重视对品牌形象塑造实施效果的检验。一般通过品牌知名度、品牌认知度、品牌联想和品牌忠诚度等标准，检验品牌和消费者的沟通情况。还要重视消费者对品牌形象的塑造实施成效的反馈，进一步改进或强化。至此，才算是一个完整的品牌形象塑造流程。

这一流程是通过实践，从品牌塑造的环节收集数据，然后进行归纳、推理分析得出的。因此，它比较科学客观地反映了品牌形象塑造的规律。

## 四、品牌形象的表达

品牌形象的表达，不仅是品牌名称、标识、包装等外显性元素的设计，更重要的是它具有的隐形内涵。品牌需要通过设计，将品质、销售、服务、消费等理念注入品牌形象之中，从而使品牌形象形成统一的、规范的信息传达系统，完成与消费者的沟通并获取好感和记忆。

品牌的背后必定有相对应的组织和产品，因而品牌形象的设计包含着策划与设计同步操作的形式和计划。这种计划需要预期做出策划，其表达方式是品牌形象设计的策划提案。品牌形象分为商业品牌和社会品牌，无论哪种形象设计，都应该遵循"以人为本"的观念，使品牌形象体现出独特性、目标性和现代品牌信息传播的作用相一致，这也是设计的根本点和出发点。

因此，虽然品牌推广是广而告之的形象设计，但设计所产生的视觉效果，需要很有趣味性才能吸引人。设计必须围绕着预先设定的、最终想要表达的品牌意义和视觉效果来进行，明确怎样的受众用怎样的形象，才可以传达怎样的品牌信息，这就是品牌形象设计的意义。它涵盖了品牌所有的特征和理想，塑造具有良好的视觉沟通和交流的形象。

品牌的形象表达必须贯彻以下三点：

（1）形象塑造的理念与个性

品牌的定位反映品牌的理念，而理念引导形象塑造个性的特征，吸引消费者。凡是成功的品牌都有准确的定位和理念，如海尔品牌以高质低价的定位彰显"真诚到永远"，金利来以"男人的世界"来体现品牌形象的个性特征等。因此，品牌形象的设计，重要的是表达品牌理念确立的定位，为其创造有感染力的视觉符号，以引导所有的营销要素去推广和强化品牌的信誉，推动市场的变化和趋势。

（2）视觉传达的统一与稳定

品牌视觉形象必须是统一的，且要求稳定而不能随意变动，这是品牌吸引消费者的重要条件之一。设计要求如下：一是文字统一，形成稳定的文字形象；二是图形的统一，不能随意更换图形，如"中国联通"的标志图形设计。三是色彩的统一，既有象征性，又要有品牌的特性和生命力，如麦当劳的黄色和万国商业机器公司（IBM）的蓝色。四是以文字和图形与颜色的有机结合，形成视觉传达的系统，是品牌具有立体的、鲜明的视觉特点，以及简洁、易记的系统视觉效应与良好情绪联想的形象效果。

（3）表现形式的创新与文化

品牌形象创新是品牌的生命力和价值所在，是获得受众心理效应的重要方式，它包括新品牌形象设计与原品牌形象的创新。品牌形象创新的重心，是以社会文化的发展方向为标准的。文化能够唤起人们情感和心理的归属感、认同感，因此会成为一种象征深入人心，并储存在记忆里。在未来，品牌的竞争力就是品牌形象中代表文化的部分与社会认知的融合力。一方面，品牌和社会文化的价值观是一致的，如真、善、美的融合；另一方面，品牌和消费文化有着共同的心理取向。

例如，海尔冰箱"无菌、保险"的品牌理念产生健康、美好的受众心理，使其品牌形象不断创新。

## 第三节 品牌传播

### 一、品牌传播的定义

品牌传播本质上是一种市场营销的手段。它指的是企业以"树立品牌的核心价值"为导向，通过建立品牌识别系统，将其通过媒体向受众传播推广，从而树立起品牌形象，并获得受众的认可，达到销售产品的目的。品牌传播的主要作用是帮助企业获得消费者，并且培养出消费者的忠诚度。它也是现代企业在市场竞争中得以存在和发展的最有效的手段之一。

关于品牌传播的概念，余明阳、舒咏平发表的《论"品牌传播"》一文，最早对其进行了解释。该文中对品牌传播的定义为：品牌持有者使用各种传播手段达到让受众了解、接受、喜爱的目的，同时优化品牌的附加值，实现品牌资产增值的最大化[1]。同时他们还认为，是否能有效地对传播手段中的传播信息加以控制和利用，达到信息最大化，已成为现阶段品牌能否成功的关键。其中，传播手段包括电视、报纸、户外广告、公关、人际传播等。

成功的品牌传播可以帮助品牌树立良好的形象与用户口碑，在一定程度上领先与同类产品的竞争对手。一件具有品牌效应的商品，在形象、价格、质量等方面与同类商品没有存在较大差别的情况下，能让顾客、受众感受到不一样的价值体验。这里的"价值"并非产品的真实价格，而是客户的一种"心理价值"。品牌传播所打造的不一样的价值，会集中通过品牌差别反映和表现出来。品牌传播依靠的是品牌差别制胜，这种以形成品牌差别为导向的传播就是品牌传播。

从以上的论点我们不难看出，想要树立品牌价值，采取什么样的品牌传播手段是非常重要的。品牌的良性传播，离不开对媒介资源的整合，充分发挥媒介资源优势，实现品牌的差异性发展，才能形成独特的品牌价值。

---

[1] 余明阳，舒咏平．论"品牌传播"[J]．国际新闻界，2002（03）：63-68．

## 二、品牌传播的发展历程

品牌是商品经济发展的产物，其兴起与商品经济的发展和科技革命的推动息息相关。随着生产规模的扩大、大众传播媒介的革新，品牌传播的广度和深度也得到了拓展。

### （一）试水阶段：为产品注册商标

在品牌发展早期，品牌与产品是合二为一、如影随形的关系，多数创建的品牌都依附于产品，脱离了产品的品牌空洞无物，不知所措。当商品经济发展初具规模，企业和手工作坊萌生了传播产品差异的需求，人们对品牌的探索和认识开始起步，将品牌视为商品标识、注册商标等形式，作为产品的差异化特点传达给消费者，帮助消费者识别和选购。

20世纪80年代，随着我国从计划经济转向市场经济，化妆品、食品、家电等行业迅速产生一批知名品牌，如化妆品品牌大宝、隆力奇，食品品牌北冰洋、健力宝，家电品牌长虹、TCL、海尔等。

1982年，《中华人民共和国商标法》颁布，这是我国第一部关于商标保护的法律，标志着我国对以商品注册有标志的品牌发展的重视。

### （二）蓬勃发展阶段：广告传播创名牌

市场经济发展的加快，使得国与国之间的产品竞争日益激烈。一些企业通过广告传播推销产品，创立了知名品牌，销售势头良好。时任美国 Ted Bates 广告公司董事长罗塞·瑞夫斯于20世纪50年代初提出了广告创意策略，即 USP（u-nique slling proposition）理论，意为"独特的销售主张"。这个独特的主张必须能够打动成千上万的消费者，使他们对产品产生印象深刻的记忆。

罗塞·瑞夫斯意识到广告成功的标志之一就是得到消费者的认同。他根据自己多年在广告行业的经验，对广告的运作规律进行总结，提出了著名的 USP 理论。他认为，USP 是消费者从广告中得到的东西，而不是广告人员硬性赋予广告的东西，每一个广告商品都应有自己的独特消费主张。他在1961年出版的《广告的现实》(Reality in Adertising)一书中对此进行了系统的阐述。[1]

随着我们社会发展和消费的升级,我们的民族品牌逐级崭露头角,其创新速度也在不断加快,并且覆盖到了多个行业。

为了鼓励民族品牌的发展,1992年,国家主管部门联合新闻界,评选出了中国十大驰名商标,引发了社会舆论与人民群众的关注。

20世纪90年代开始,国家相继出台了《质量振兴纲要(1996—2010年)》《关于推动企业创名牌产品的若干意见》《中国名牌产品管理办法》《驰名商标认定和管理暂行规定》《产品免于质量监督检查管理办法》等政策法规,来扶持我国自己的民族品牌产品。一大批民族企业开始崛起,并涌现出了许多消费者耳熟能详的名牌产品,如乐百氏、娃哈哈、南方黑芝麻糊、农夫山泉、恒源祥、雕牌等。除此之外,传统老字号也借助品牌营销的东风,旧貌换新颜,获得更多的消费者的青睐,如同仁堂、全聚德等。

### (三)深化阶段:整合传播增加品牌资产

随着买方市场的形成、媒介技术的革新,品牌传播方式日益增多,由单向的灌输转向双向的交流,更加注重与消费者和其他利益相关者的互动。整合营销传播学和品牌战略性管理理论形成,品牌传播理论进入真正的深化阶段。

整合营销传播是一种具有长期计划、长期发展、执行不同形式的传播方式。同时,它也是一种协调一致的、可衡量的、有说服力的品牌传播计划。凯文·莱恩·凯勒第一次提出将品牌资产理论和整合营销传播理论相结合,试图"为如何通过对营销传播的整合来提升品牌资产而提供概念框架和管理指南。"[2] 汤姆·邓肯指出,"整合营销传播是一个运用品牌价值管理客户关系的交叉过程,既通过互动和对话来影响关系利益人,同时也创造可获利的关系"[3]。品牌资产在品牌传播中受到高度重视,对品牌传播的跨界研究成为风气。

1999年,舒尔茨与巴恩斯合作出版的《战略性品牌传播运动》指出,"21世

---

[1] 李志英.USP理论在现今广告环境下的应用探讨[J].现代商业,2018(13):26-27.
[2] 星亮.营销传播理论演进研究[D].广州:暨南大学,2013,第128页.
[3] [美]汤姆·邓肯著.整合营销传播[M].周洁如,译;王方华,审.北京:中国财政经济出版社,2004,第57页.

纪将是品牌驱动市场"的时代，而"所有的传播（活动）都必须与品牌相关联，并且还要和卖方与买方之间的品牌关系相关联"。基于对营销传播理论发展的这一认识，他们出版这本专著的目的，就是要实现"从传统广告向整合营销传播，再到品牌传播的转变"。[①]

21世纪初，我国融入世界经济格局的大势已定，从国家到企业先后经历了创名牌—培育自主品牌—培育国际知名品牌的道路。我国企业各出奇招，广告传播、事件营销、活动展览、促销技巧、公共关系与社会责任等各种手段综合运用，培育出了一批国际知名的自主品牌。

2019年度"世界品牌500强"排行榜中，我国有多个行业的40个品牌进入选其中。最具代表性的企业有国家电网、腾讯、华润、长虹、青岛啤酒、五粮液、国航、中国航天科工、中国光大集团等。

### 三、品牌传播的地位

品牌传播起到纽带的作用，将品牌和消费者紧紧连接。同时，它也是消费者认识品牌的途径。由此可见，品牌传播在品牌建设中起着巨大的作用，有着特别重要的地位。

品牌形象的树立，消费者对品牌的认知度、美誉度和忠诚度，其背后都是品牌传播的功劳。可以说，品牌传播不仅促进产品销售，还对品牌力的塑造起着关键性的作用。

品牌文化和品牌联想作为品牌力的构成要素，他们也只有通过品牌传播才能体现自身价值。品牌只有通过传播，才能抵达消费者的心智。如果没有传播环节，品牌就无从被消费者了解，更不用说品牌文化的建立了。

品牌之所以成为品牌，都是一系列的传播活动塑造出来的。比如三星在1984年就开始赞助奥运会，此后的每一届奥运会都不曾缺席，凭借强大且持续的品牌传播活动，三星的世界名牌地位日益稳固。

---

① 星亮. 营销传播理论演进研究 [D]. 广州：暨南大学，2013，第14页.

### 四、品牌传播的要素

信息的传播包含五个要点：信源（传播者）、信宿（接收者）、媒介、讯息（传播信息）传播信息及反馈。品牌传播也属于传播的范畴，结合品牌传播的实践，其要素也应从这五个方面展开分析：

#### （一）品牌传播的主体

品牌的传播效果是受多种因素制约的，但是，传播过程中传播主体起到的作用是非常重要的。传播主体是指企业、某个组织、媒体抑或是具体的某个人。

传播主体之所以起到重要作用，不仅在于它掌握着传播工具和手段，并且它还决定着所传播信息的内容和传播形式。传播主体作为控制者，对品牌艺术符号的传播效果起着决定性影响。

传播者之所以是品牌传播的首要条件，主要是由品牌传播的目的和责任所决定的。品牌传播其目的是向消费者传播商品的特性或服务信息，从而达到提升商品的品牌价值、市场价值、社会价值的目的。同时这些信息也能给消费者提供商品的企业信息，从而实现对企业的认知和认同。

#### （二）品牌传播的信息

品牌在传播过程中传达出的相关信息，就是品牌传播的第二要素——品牌信息。品牌信息具体包含品牌所传达出来的思想观念、品牌效应及品牌"诉求"。这里的"诉求"主要是指消费者在面对品牌时，品牌所传达的品牌特色及特性，以及消费者通过品牌能获得的权益。只有这些品牌信息能顺利地传达给受众，才能真正意义上实现品牌传播的目的。其中品牌的名称、品牌宣传、LOGO及包装是品牌信息传播过程中必不可少的四个部分，它构成了整个品牌传播的信息源头。

#### （三）品牌传播对象

传播对象是品牌能否顺利进入市场的决定性因素。在品牌进入消费者视线之前，企业会首先进行市场定位，虽然在传播的初始阶段并不能完全确定消费群体、消费人数及消费区域，但这并不影响品牌信息传播的针对性。

市场上的消费者一般分为三种类型：旁观者、潜在消费者、消费者。三者之间的角色可相互转换。

在品牌刚刚进入市场时，由于品牌还不被很多人熟知，会存在大量的旁观者或潜在消费者。通过消费者的使用、口碑的传播、市场占有率的增多，原有的旁观者或潜在消费者会逐渐变成消费者。同理，当品牌已拥有客户群时，如果品牌不加以维护，或者产品出现瑕疵，消费者又会变成旁观者，这样的市场案例屡见不鲜。因此，品牌的建立和维护是同等重要的。

企业在进行品牌传播时，首先应明确自身的传播对象，并有针对性地进行传播。一个成功的品牌，在市场的进程中能将潜在消费者和旁观者转变为真实的消费者。正如华为，靠着品牌的说服力和产品质量的影响力，在苹果手机强大的市场压力下走出一片天地，获得了属于自己的消费者。

### （四）品牌传播的手段

品牌传播的手段是指品牌在传播过程中的方式与方法，并以此作为传播品牌信息的媒介和营销手段。品牌在市场传播的过程中，通过媒介和传播渠道将品牌与消费者相结合，保证品牌在市场上得以顺利传播。传播的手段主要分为两种形式：一种为软传播，它指的是传播过程中通过赞助社会公益活动、冠名某些电视节目、电视剧、电影中插入相关的产品等达到传播的效果；另一种就是硬广告，它指的是通过传统的传播媒介如电视、报纸、杂志等结合现代传播媒介如微信、微博等互联网技术实现品牌的传播。

### （五）品牌传播效果

品牌的传播不仅是简单地向受众发布信息，受众被动地接收信息的过程，还包含受众在接收信息后的市场反馈所带来的后续效应的分析。

因此，我们不能简单地将传播看作一个单向的线性传播，而应看作信息传播、接收、反馈、分析、再传播，将信息提炼、升华、优化不断循环、反复完善的过程。

要使品牌在市场上获得较好的传播效果，离不开对目标受众群的准确把握、离不开对品牌传播媒介的合理运用、离不开营销团队对市场的精准分析与完善，只有所有要素都发挥到极致才能保证品牌传播效益的提升。

## 五、品牌传播运作的一般流程

品牌传播一般分为四个阶段，如图 1-2 所示。

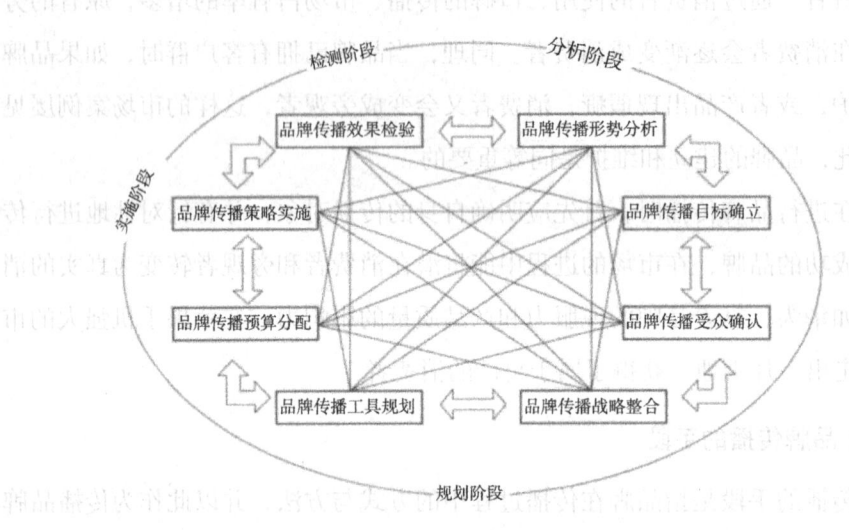

图 1-2 品牌传播运作流程图

### （一）分析阶段

品牌传播规划的第一步，首先要分析、总结现有资料，以便全面把握当前品牌传播形势。通过掌握品牌传播整体情况，全面了解当前市场品牌与目标消费者之间存在的沟通问题，找出影响品牌传播效果的原因，分析其影响程度以及影响后果。

### （二）规划阶段

根据分析阶段总结出来的品牌传播过程中存在的问题，从战略上规划出品牌传播战略目标，并确定与其他品牌差异性传播定位。在此基础上，进一步推导出各阶段以及各细分传播策略的战术性目标。明晰的传播目标不仅便于操控各种品牌传播工具执行传播策略，而且还将作为既定标准检验传播成果。

规划阶段不仅要确立品牌传播目标，还要确定传播的目标对象。然后，分析他们对品牌的态度，他们的消费形态以及接触信息的主要途径。品牌的传播对象一般来说分为三类：一是消费者，二是员工，三是供应商、媒体、传播代理商、政府、当地社区、金融投资者、特殊利益群体等品牌传播利益相关者。企业需根据目标受众的特征制定特定的传播策略。

推出品牌传播的整体策略，目的是确保传播活动的长期性、稳定性。整体策略制定完成后，传播工具规划、预算编制等传播决策和行为都将以它为准绳展开。

紧接着是传播规划的工具。企业选择传播工具之前，需要以传播策略为指导，检验不同的传播工具是否能够帮助企业实现传播目标，再根据他们之间的关系机构进行选择和组合。然后，需要对传播工具的重要性进行排序，确定主导工具和辅助工具。最后是资金的预算，按照既定传播目标和预期销售额等指标进行预算编制，以实现最佳的传播效果。企业还应对各阶段以及各传播工具的金额进行合理的规划和分配。

（三）实施阶段

实施阶段也是品牌传播的执行阶段。此时，品牌传播的信息、内容已经确定，并且制定完整个传播策略和具体传播途径。实施阶段就是按照计划，将品牌信息通过特殊渠道传播给受众。

在品牌传播实施过程中，要由专门部门、专门人员负责执行整个传播计划，保证品牌传播效果。另外，品牌传播需要来自企业内部各方的支持，尽量减少来自组织的制约，企业高层应给予高度的重视。只有组织成员统一思想、戮力而行，品牌传播才能顺利进行，品牌的创建才能顺利开展。

（四）检测阶段

品牌传播活动一个周期完成之后，需要对这一阶段传播效果搜集反馈。通过几个指标检验传播活动效果。例如，既定目标是否实现；哪些传播途径取得的效果更好；预算和收益比是否达到预期等。通过检验，可以及时发现品牌传播过程中出现的问题，实时做出调整，以期取得更好的效果。

# 第二章 品牌形象的总体开发策略

本章为品牌形象的总体开发策略，主要包括如下三部分内容，分别为品牌形象的调研与定位、品牌理念与行为规范、品牌命名与文化塑造，旨在从整体把握如何塑造品牌形象。

## 第一节 品牌形象的调研与定位

### 一、品牌形象的前期调研

品牌形象塑造不是无理无据的封闭创造，而是在品牌数据研究、调研、实例分析等大量前期工作的基础上进行设计的。调研部分是设计的重要环节，没有调研，品牌策划可能会与设计目标背道而驰。了解企业所处的行业、企业经营、历史、市场、竞争对手与受众状况，以及已有品牌形象取得的效果和待改进的地方，都是调研的重要内容。

#### （一）品牌形象调研的主要内容

品牌形象调研的主要内容有两个：调研了解内、外部公众对品牌的意见、态度及反映，掌握品牌营销环境变化趋势，对品牌形象做出客观的思考和评价；发现、分析和研究品牌形象在自我评价与公众评价及市场环境要求之间的差距，并根据这一差距和品牌营销实际进行品牌形象定位、调整和策略规划。品牌形象调研的实质就是企业通过自己的眼睛和他人的眼睛重新认识自己，对比"理想中的自己"和"现实中的自己"，最终回答"我是谁"这个问题。

1. 对品牌实态的调研

品牌实态调研主要了解现有品牌理念确立的动机和理由。对照消费者对品牌的期望和竞争品牌的理念，判断品牌理念是否过时和导致过时的原因。品牌实态调研还要了解品牌最具优势、最有特色的核心价值和资源，这是评价品牌竞争力的关键。此外，着眼于品牌的发展，品牌实态的调研还要判断品牌所处的社会环境、市场竞争特点及趋势、品牌的生存发展可能遭遇的机会或威胁，明确品牌的发展方向及中长期计划。

品牌实态调研不仅要分析品牌当前面临的主要问题，还是解决问题的关键，如品牌的主要竞争对手是谁，它们的特色、市场竞争力在哪里；主要目标消费者对品牌的基本评价、印象如何，有无重大误解，品牌如何克服这些问题。此外，品牌的组织管理状况也是品牌实态调研的内容，包括品牌组织者和管理者的能力及素质、其行为规范是否健全、品牌理念在内部是否达成共识，以及品牌管理体制、工作效率的基本情况等。对服务类品牌而言，尤其要明确品牌组织管理水平会影响服务品质，对品牌形象的树立至关重要。

2. 对品牌内部形象的调研

品牌内部形象调研，主要调研品牌组织管理者和内部员工对品牌的了解程度，品牌在管理者和内部员工心目中的地位和评价，以及品牌历史、传统、优势、市场地位、品牌识别要素等。品牌内部形象调研还要调查品牌管理者和内部员工对企业和品牌管理文化的认同与理解程度、对品牌优劣势的评价，以及内部员工对企业文化和价值的认同情况、对品牌高级管理人员能力及风格的评价和对品牌的展望及信心。

3. 对品牌外部形象的调研

品牌外部形象调研要了解目标消费者和潜在消费者、商品的经销渠道（包括经销商与供应商）、金融机构和投资者、媒体舆论和社区公众、品牌行业主管部门等。

（1）消费者和潜在消费者调研

主要了解品牌的知名度和美誉度，品牌相对于竞争品牌的认知程度和信任程度，对品牌产品和服务特色的评价，对品牌的具体希望和建议。

（2）经销商和供应商调研

主要了解经销商和供应商对品牌信誉、市场地位和竞争力的评价，了解他们对品牌形象的感知程度，对品牌服务形象的认识，并与同行业中的竞争企业进行比较。

（3）金融机构和投资者调研

了解金融机构对品牌和企业投资前景的评价，了解他们对本行业、市场发展的投资意愿，对行业内其他品牌的比较印象，征求金融机构对品牌和企业发展的意见。

（4）媒体舆论和社区公众调研

整理媒体报道资料，访问媒体专业人员，了解媒体对品牌社会形象的评价，媒体关心的品牌活动和资讯，了解媒体对同行的形象评价。还可以听取其他社会组织及有关人士对品牌的评价，征求他们期望品牌为塑造良好形象而在媒体和社会舆论方面的行动建议。

（5）行业主管部门调研

了解行业主管部门和行政管理机构对品牌和企业的看法，听取他们对本行业发展前景的预期和政策走向，掌握主管机构和行政部门对行业的基本态度和意见。

（二）品牌形象调研的过程

品牌形象调研工作通常有四个主要活动，每一过程包括许多具体工作。

1. 制订调研计划

明确调查的目标和原则，确定调研的内容，掌握第一手资料来源，确定调研实施方案，预算调研成本，培训调研人员，进行跟踪调研作业，确定报告内容。

2. 进行实地调研

确定抽样范围和调研对象，选择和培训调研人员，进行小范围的试调研，修订方案，随后进行实地调研，督导作业情况，撰写作业报告，汇总调研结果。

3. 进行数据统计

核对调研数据，进行资料注册、登记和编号，制定统计分析表格，应用统计工具进行数据分析，填制数据表格，整理统计结果。

4. 进行资料分析

根据统计数据、相关资料、现场观察记录和相关研究成果，一方面运用统计分析工具，详细解读统计数据的意义和问题；另一方面，运用品牌个性测量工具、品牌概念地图和品牌人格、品牌拟人等分析测量工具，分析描绘品牌形象的认知状况和消费者对品牌的心理预期。最后，汇总统计分析的结论，撰写品牌形象调研分析报告。

### （三）品牌形象调研应遵循的原则

1. 全面系统的原则

品牌形象调研既要了解品牌外部情况，也要知晓内部现状。外部情况指市场竞争的总体态势、品牌经营的环境和前景、消费者对品牌的需求和希望、目标消费者的生活形态和接触信息的方式和特点等。内部现状指企业的总体状况、品牌产品的现状和发展规划、品牌形象的内部认同情况、品牌管理的措施和手段、企业的经营效益等。

2. 真实客观的原则

品牌形象调研的内容、方法、范围和对象都要合理选择，数据资料应该权威，问卷设计、调研过程控制、结果的汇集和整理等环节都要讲究质量，这些环节的成效直接影响调研结论的真实性和可靠性。调研工作开始前，应认真分析每个环节的实施细节，尽量减少误差。

3. 讲求时效的原则

过时的品牌信息再真实再全面也没有价值。品牌形象调研要了解新近的信息、品牌现有的问题和可能出现的趋势。调研取得的信息要筛选取舍、分清时效，保证其使用价值。

4. 成本效益的原则

品牌形象调研工作琐碎繁杂，花费颇大。收集信息的范围应该与要了解的问题相适应，情况掌握贵精不贵多。根据调研目的决定调研内容和实施过程，少花钱，办好事。

### (四) 品牌形象调研的注意环节

品牌形象调研涉及的内容较多，其中以下五个环节的成效直接影响调研效果：

1. 注意问题的拟定与假设

品牌形象调研应确实针对企业和品牌的实际情况，了解企业和品牌的突出问题（现实或潜在的问题），尤其是品牌经营上的主要问题：品牌策略缺乏长期计划；主要产品没有优势，无法支持品牌的核心价值；销售渠道不畅通，商品的市场占有率偏低；品牌的传播策略不合适，致使品牌知名度低；品牌形象老化，消费者忠诚度下滑等。通过深度访谈和品牌对比分析，从基本的情况和数据发现品牌的突出问题，调研就更有针对性。

2. 注意所需资料是否确定

资料的收集要围绕品牌形象的问题与假设进行，并不要求面面俱到。品牌形象的消费者认知情况调研，可以围绕知名度和美誉度来展开，收集相关资料，了解竞争品牌的基本情况，包括竞争品牌的营销情况、品牌传播策略、品牌形象识别状况、消费者对产品及品牌认知渠道等。调研的内容不同，资料收集和调研的方式也不同，可酌情使用焦点访谈、现场观察、询问、网络问卷或当面访问等方法。

3. 注意样本的范围和抽样标准

和市场调研有所不同，品牌形象调研更讲究调研内容和对象（内部员工、外部消费公众、商品形象或市场形象）的选择，确定抽样的方法主要是概率抽样法或非概率抽样法。概率抽样法的准确性较高，非概率抽样法准确性较低。品牌形象调研的抽样设计还应考虑样本数目、误差范围、调研成本和数据可靠性等。

4. 注意对调研人员进行技术培训

品牌形象调研有的需要进行问卷调研，有的需要进行焦点小组访谈，有的需要深入访问，有的需要现场观察，有的要向专业机构咨询或索取数据材料。因此，应让参与调研的人员了解品牌形象调研的目的和要求，掌握调研的方法和技巧。开展品牌形象调研时，有的企业会委托专业调研机构进行，有的企业会聘请专业人士配合调研小组进行。

5. 注意对调研资料进行分析和报告

资料收集后，要初步处理调研数据和结果，剔除不合要求的内容，汇总所有结果，编制统计图表，使用统计工具和形象认知分析工具进行分析，撰写调研报告，列出主要成果和结论，以供决策参考。

**（五）品牌形象调研中调研样本的确定**

调研抽样的代表性取决于两个条件：一是总体中每个个体彼此相似；二是样本的特征值能成为总体的最佳推定量。抽样应从选择样本开始，然后找出总体的推定值，算出标准差，建立总体的信赖区间，最后决定样本的大小。常用的抽样方法有简单随机抽样法、分层抽样法、系统抽样法和定额分析法。

1. 简单随机抽样法

在简单随机抽样中，每个个体被选中的机会均等，具体使用时可由随机抽签来决定。此法简便易行，但总数大时编号工作繁杂，个体差异性大时很难反映出总体特点。

2. 分层抽样法

总体中个体差异很大且分布不均时，可采用分层抽样法。先按确定的标准将群体中的个体分为若干小组，每组为一层，再从各层中随机抽出若干个体作为样本，样本数可采用比例分配法确定，使各层抽样样本数与各层总数成比例。例如，调研饭店的客流量时，可将饭店分为大、中、小三层，各抽取5%作为样本。

3. 系统抽样法

系统抽样法又叫等距抽样法，将总体中个体按顺序编排，每隔相等个数抽取一个样本。个体的排列次序与研究的特性毫无关系时，使用系统抽样法比简单随机抽样法省时省力。

4. 定额抽样法

按标准规定不同群体的样本配额，调研人员根据需要抽取配额内的样本进行调查。这种方法也可称为分层判断抽样法，易操作且省费用，小型调研大都采用这一方法。抽样设计完善，调研人员素质好，调研结果的可信度和效果均有保障。

## （六）品牌形象调研中调研问卷分析

问卷的定性分析是一种探索性调研方法。通过定性分析可以对问题进行定位，在寻求答案的过程中，得到深层次的启发和理解。它也有局限，定性分析的调研样本一般比较少（不超过 30 份），因此调研结果准确性稍差。定性分析的特点决定它比较依赖于调研人员对资料的敏锐度，两个不同的定性调研员的调研分析得出的结论也会不同。

问卷的定性分析完成后，可继续进行更精确的定量分析。简单的定量分析方法包括计算百分比、平均数、频数等。可将问卷中定量分析的问题分为以下几类：

（1）封闭问题的定量分析，设计者已经在问卷中给出全部答案，被调查者只能从中选择。统计者根据选项打分，将结果整体做成可视化图表。

（2）开放问题的定量分析，问卷设计者提出问题，由被调查者自由回答。这就导致开放性问题的答案五花八门，需要先分类整理，再统计。

（3）数量回答的定量分析，数量回答的结果是数字，量化后的数据会被进行区间划分。一般依靠分析者的经验和专业知识来确定数据区间分布。接着就可以对区间数据进行统计，用统计量值描述结果。包括位置测度，平均值、中位数、出现频率最高的值或分散程度的测定，范围测度、四分位数的间距和标准偏差。

## （七）常用的调查方法

调研方法是调研工作的依照，是企业进行搜集调研信息、准备调研工具、安排调研对象的具体方法。常用的调研方法有以下几种：

### 1.观察调查法

观察调查法是指调研人员观察被调查者的活动，从而获取资料的方法。它又分为参与观察和非参与观察两种方法。参与观察，顾名思义就是调研人员通过参与调研活动，近距离接触被调研者并搜集资料的一种方法。非参与观察，是指研人员远距离观察被调研者的活动并搜集资料的一种方法。

### 2.询问调查法

询问调查法是一种常用的实地调研方法，它通过询问的方式来搜集资料。询问的方式多种多样，一般分为直接询问和间接询问。根据接触方式的不同：还可以分为面谈法、电话询问法等。

3. 问卷调查法

问卷调查法是从大量人群中收集信息的一种效率较高的方式。问卷调查法针对不同的调查内容，可以设计成内部调查问卷、市场调查问卷、消费者调查问卷、中间商调查问卷等。

## 二、品牌形象的定位

品牌形象定位，从本质来看，更直白而言就是品牌定位。

### （一）品牌定位的概念

定位是在对本产品和竞争产品进行深入分析、对消费者需求进行准确判断的基础上，确定产品的优势及与其在消费者心目中的独特地位。定位对产品本身不产生任何影响。

定位本身是一个策划行为，它通过对公司产品和形象的策划，使其在消费者心中享有独特的位置。品牌定位则是要把握顾客潜在心理并采取一定行动，目的是为品牌在顾客心中定一个位置。我们已经了解到，企业塑造品牌形象，是为了可以将品牌植入消费者心中，并使其对品牌产生鲜明的、正面的联想。而品牌定位就是通过和消费者的沟通，把企业所希望的品牌形象建立在消费者特定的心智位置上。品牌定位能够突出品牌鲜明的特征，从而形成独有的品牌差异性，给消费者留下深刻印象。

品牌定位是非常有必要的，它是塑造品牌形象的首要步骤。一个企业要想成功塑造品牌形象，首先必须对自身有一个清晰的品牌定位。品牌定位清晰，才能形成独特的品牌特征，有利于企业对品牌形象的塑造。同时品牌定位也是一个过程，它以建立与目标市场有关的品牌形象为目的，体现了在市场竞争体系中与其他同类品牌之间的地位关系。

企业在进行品牌定位时，可以借助定位分析工具，如定位图、排比图和配比图。定位分析工具是站在消费者的需要和认知的角度制订的，可以帮助企业更好地找到品牌所处的位置以及其在竞争市场上与同类品牌的差距，帮助企业采取进一步行动。

**（二）品牌定位的意义**

1. 创造品牌价值

成功的品牌定位有利于塑造品牌的独特个性，满足消费者对品牌和产品的个性化需求。而品牌的个性和差异化优势，体现了品牌的核心价值。因此，品牌定位的价值就是帮助企业建立个性形象以区别于其他竞争者，使品牌更容易在激烈的市场竞争中崭露头角，获得竞争优势。

2. 聚合品牌资源

品牌定位是品牌营销的过程，通过时间和各种营销技巧得到市场检验的结果。在这个过程中，企业要使用人力、物力、智力、财力等各种资源，没有明确的品牌定位，企业就像没有航向的船，看似在商海中左冲右突，实则难以聚合各方面的优势。准确的品牌定位可以使企业实现资源的聚合，在适合的领域发挥比没有明确定位时更大的优势，也更容易取得突破。

3. 建立与消费者长期、稳固的关系

品牌定位有助于消费者记住企业所传达的信息。企业对产品的定位会通过广告、公关等促销手段传达给消费者，消费者每天会接收到无数的信息，品牌定位明确会让消费者对产品产生正确的认识，快速接收企业传达的信息并记住。消费者只有真正被独特品牌文化和个性吸引，两者才能建立起长期、稳固的关系。

4. 占领和开拓市场

品牌的载体是产品，产品本身就具有使用价值。在产品定位成功后，企业可以利用原有品牌进行品牌延伸，消费者对原有产品的认识会加注到延伸的新产品中，使新产品的市场开发达到事半功倍的效果。在企业原有市场趋于饱和的情况下，产品重新定位还会促使产品开发出新的功能、占领新的市场。例如，美容护肤品在几十年前多为女性产品，但在近年的市场开发中，欧莱雅等国际品牌看到男性护肤品市场的空白，便抓住时机做好品牌延伸，开发了男性专用的欧莱雅男士品牌，成功地拓展了市场。

### （三）品牌定位的目标

1. 品牌定位的战略目标是积累品牌资产

积累品牌资产，是实施品牌战略的目标。企业之所以不惜重金打造品牌，原因是品牌是一种无形资产，其自身附加价值远远超过商品本身。品牌定位作为品牌战略的重要组成部分，同样要以积累品牌资产为目标。从财务的品牌资产观来看，品牌是一种无形的资产，具有赋予产品溢价的作用，品牌定位的成功要以扩大产品销售、提高产品的附加价值、提升产品的市场占有率为目标。从市场品牌力的品牌资产观来看，品牌定位的成功要以提升品牌影响力、为品牌的茁壮成长奠定坚实的基础为目标。

2. 品牌定位的主要策略是塑造品牌个性

具有自我个性特征的品牌更容易被记忆，品牌个性体现了品牌的核心价值。品牌定位是要在消费者心中占据有利的位置，稳定的品牌个性是持久地占据顾客心理的关键。品牌个性具有外在的一致性和内在的稳定性，因此它是实现品牌价值目标的主要策略。

### （四）品牌定位的原则

1. 心智主导

品牌定位是品牌与其对应的目标消费者建立的一种内在联系，使品牌在消费者心中占有一席之地。品牌定位时根据目标人群的需求所规划设计的一种传播策略，目标是利用简洁的定位口号，通过品牌传播活动吸引到有需求的消费人群，并且激发其购买欲望，引导购买行为，培养消费行为忠诚度。因此，品牌定位的根据是客户的需求及其心智变化规律，进而提高品牌定位的传播效率。

2. 差异化

品牌定位的本质就是塑造品牌的差异性。在同质化的时代，差异化成为企业制胜的法宝，品牌定位的目标之一就是凸显品牌差异性特征，否则就无法从众多竞争对手中脱颖而出。品牌差异化的定位是塑造需要分析消费者的需求和市场状况，从而在市场上找到消费者未实现的诉求空白点，然后利用企业资源，把空白点变成品牌的定位点。

### 3. 稳定性

除非原定位不合时宜，否则为确保品牌定位是稳定的，不能轻易改变最初的定位。品牌定位为消费者提供一个购买的理由，这种购买的理由是会随经济发展和时代变迁而变化的，但定位不能随时变化。因此，品牌定位点不能过窄或者品牌定位点尽量不要围绕产品属性进行，避免产品生命周期和品牌延伸对品牌定位的影响过大，最好围绕个性、感情、理念等方面进行品牌定位。在稳定的同时也为品牌定位的动态变化预留空间。比如沃尔沃汽车的品牌定位是"安全"，汽车驾驶的永恒主题就是安全。

### 4. 高端产品不触及价格战

价格战是企业在没有有效应对市场竞争的策略时使用的最后一个方法，也是一种无奈之举。降价会使产品销量暂时增加，但不利于品牌形象在消费者心中保持原有的地位。降价需要对消费者有明确的解释说明，一味地降价也不是长久之计，价格战的胜利者很少，在势均力敌的情况下最终会落得两败俱伤的结果，让消费者丧失对品牌的兴趣。

### 5. 多维收集信息，精准定位

品牌定位确定之前需要收集大量的信息，包括宏观环境、行业、消费者、企业自身等多个维度的信息。这是因为外部环境在迅速变化，品牌定位需要在变化中找准位置。要想在消费者的心中占据有利位置，就要多维度地收集信息，进而精准定位。

### 6. 考虑企业自身资源

企业在市场中可能存在各种竞争优势，如技术、服务、资本、人力资源等，这些优势在品牌定位中需要给予充分考虑。例如，我国著名企业中粮集团旗下网站"我买网"，定位时充分考虑了企业具有资金、商品货源、渠道、服务等多方面的优势，在B2C的网络营销模式中独树一帜，拥有不少高端客户群体。

## （五）品牌定位分析

品牌定位分析是一个比较复杂的过程，除宏观环境、行业环境、企业情况分析外，主要包括两个方面的分析：即消费者分析和竞争对手分析，并且每一方面的分析都不是孤立的，而是相互交叉和联系的。同时，互联网电子商务和个性化需求的发展使品牌结构变得更为复杂、产品品类及型号数量增多，因而给每一个产品线甚至每一个型号一个准确的定位是一项巨大的工程。互联网的发展，为品牌定位提供了巨大的数据支持和沟通支持，其实际成本会逐步降低，效率和效益会逐步提高。

在"互联网+"的时代，大数据的分析和支持为消费者分析提供了一条渠道，对目标消费者的分析要确定目标客户，分析目标客户需要什么，并明确需要到什么程度。厂商可以准确地描绘出消费者画像，通过他们的静态信息和他们在互联网留存的很多动态信息，能够挖掘出用户的显性需求，进而通过大量的生活化信息检索，挖掘隐性需求。最终企业可以通过这些分析去了解什么样的手段能够对消费者的消费习惯和消费决策产生影响。

不过，这并不意味着传统的消费者分析方法已经"过时"，其更适用于消费者心理需求的分析，便于品牌创造性地提出符合消费者需求的、合乎科学的理念和概念，因此仍然具有非常重要的地位。品牌定位对产品本身的品质没有作用，而是要想办法建立和消费者的联系，使产品所独有的特性被消费者了解并放在心里。品牌定位首先要对消费者的需求进行分析，一般分为以下两个方面：

1. 对目标消费者进行分析

（1）找位

决定产品要满足哪些人群的需要，也就是寻找到目标消费者，找准产品在市场中的位置。既然是要找到产品和消费者之间的关系，就要精确地找到哪类人群是最终的购买者、购买的决策者是谁、产品购买的参谋者是谁、把握购买决策者的真正需求，从而明确满足购买者需求产品所需的元素，也进一步明确品牌的目标群体。

（2）定位

品牌的定位过程，就是企业满足消费者需求的过程，解决产品面向哪类消费者，他们需要什么之类的问题。一旦确定了目标之后，就要对他进行具体分析，分析内容包括他需要的产品属性是什么、他追求的利益是什么等。其中那些消费者还没有得到满足的部分，便是企业需要抓住的机会，之后便可从这些方面入手，制定相应的宣传和产品方案。

（3）到位

一件商品要想在消费者心中得到一定的位置，首先需要的是将商品自身包含的信息，如价格、功能、特色、购买渠道等通过一定途径传达出去。企业如果能够进一步发现消费者还未被满足的需求点，就相当于探险者发现了宝藏，如果想实现利益的最大化，那么便要进行细心地挖掘。

2. 对竞争对手进行分析

"知己知彼，百战不殆"。企业想成功地进行品牌定位，在竞争者的分析过程中要做好以下三方面工作：

第一，细致分析同行业竞争者的相关情况。具体地说，企业要了解行业内竞争者的数量、它们各自的市场份额、在市场中处于什么样的竞争地位，它们各自有什么竞争优势和劣势以及最近的发展动向等。这都是竞争者分析的基础工作。

第二，确定自己的竞争对手。以目标消费者的需求以及自身的优势作为基本要素来对自己的竞争对手进行确定。在品牌定位的过程中，将市场上最强势的竞争对手作为自己品牌定位的标杆，往往有着极佳的效果。因为消费者总是会对焦点、热点进行关注，而对这样的竞争者进行选择，无疑会引起消费者的关注，让消费者对自身的品牌有更多的认识。

第三，研究竞争者的强势。竞争对手的强势是企业品牌定位的基础条件。竞争对手的强势可能是一个品牌，也可能是一个品类，还可能是一个产品，更可能是一个特点。

企业都试图在确定竞争对手的强势后，找到自己的品牌与竞争对手强势的品牌、品类、产品和特点之间的相同点与差异点，以便进行品牌定位，与竞争对手的定位既相似又区别开来。

### （六）品牌定位的过程

品牌定位的过程就是确定品牌和产品在市场竞争中的优势，对其特征进行界定的过程。品牌定位过程的核心是STP，即市场细分（Segmenting）、选择目标市场（Targeting）和具体定位（Positioning），如图2-1所示。

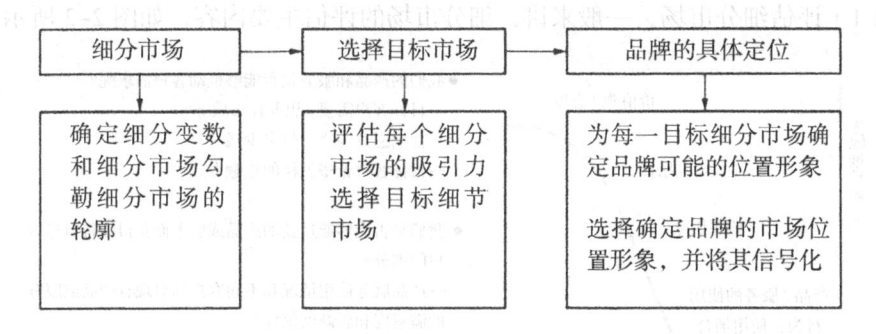

```
┌─────────────┐    ┌─────────────┐    ┌─────────────┐
│  细分市场    │───▶│ 选择目标市场 │───▶│ 品牌的具体定位│
└─────────────┘    └─────────────┘    └─────────────┘
┌─────────────┐    ┌─────────────┐    ┌─────────────────┐
│确定细分变数  │    │评估每个细分 │    │为每一目标细分市场确│
│和细分市场勾  │    │市场的吸引力 │    │定品牌可能的位置形象│
│勒细分市场的  │    │选择目标细节 │    │                  │
│轮廓         │    │市场        │    │选择确定品牌的市场位│
│            │    │            │    │置形象,并将其信号化│
└─────────────┘    └─────────────┘    └─────────────────┘
```

图 2-1　品牌定位策划流程图

1. 市场细分

（1）市场细分的含义

市场细分是指，以消费者为研究对象，按照他们的需求、购买习惯、购买欲望等，将大市场划分为受众群体更精确的子市场，以便更好地进行品牌定位。

（2）市场细分的依据

在对品牌的定位策划过程中，会遇到很多问题，所创造的品牌应该满足哪一类的消费者所需？在考虑这个问题上就需要我们按照一定的基础和标准将市场划分成若干个部分，根据消费者的需求来确定品牌的市场地位，然后再分析其特征中和其他品牌之间的高同质性。不同层级的消费者具有不同的消费需求，选择一个或多个跟自身品牌目标有关联的消费层级，作为目标市场，这个过程就是市场细分的过程。

2. 目标市场选择

想要找到跟品牌特征相符合的目标市场，需要一定的策划思路和技巧。具体包括评估细化市场、选择目标市场营销模式和选择目标市场营销策略。

（1）评估细分市场，一般来讲，细分市场的评估主要内容，如图2-2所示：

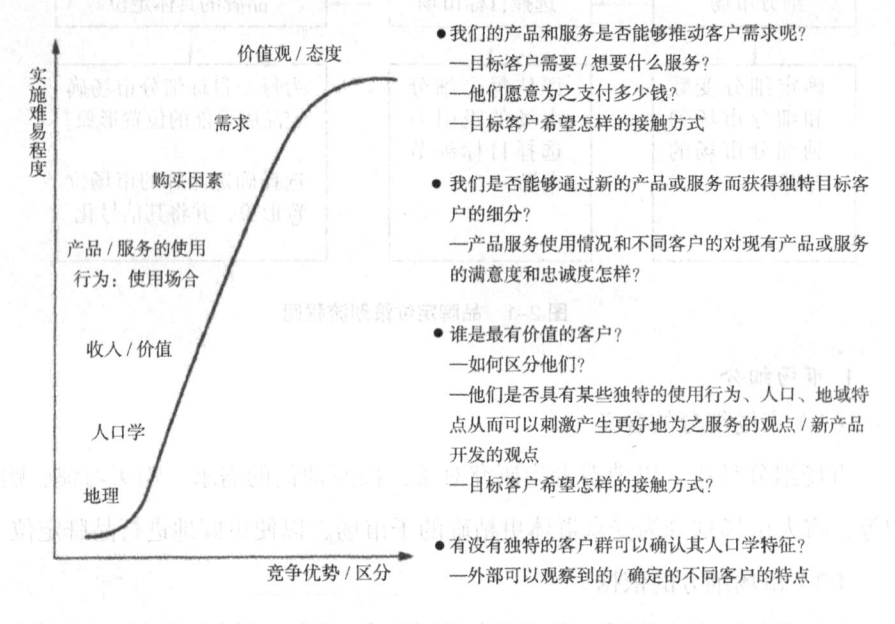

图2-2 市场细分评估

（2）选择目标市场营销模式。

第一，密集单一市场。企业在生产过程中，应当注重专门向某一类消费者提供该产品。企业在创立品牌初期，更应当区分清楚市场所需，但是要考虑单一产品所产生的风险。

第二，有选择的专门化。选择市场的过程中，应当适当地区分市场是否符合公司的需求，每个公司都有细分的市场，之间联系较少。如广播电台，在吸引年轻人的同时也想同时吸引老年听众，所以在创立的过程中会有符合年轻听众的节目，也有属于老年听众喜欢的节目。

第三，市场专门化。市场专门化就是专门为了满足某一群体而所做出的服务，例如大型的教学器材，学校所需的各种器械等。但是会产生一定的风险因素，当教学财政预支削减时，会给公司带来危机。

第四，产品专门化。产品专门化是指公司只集中创作一种产品，主要向各个行业销售。例如某公司只生产一种仪器的某一部位零件，并销售给其他所需要的公司等，但是只要出现新类型的产品，就有可能出现被取代的风险。

第五，完全覆盖市场。想用各种产品满足各种顾客群体需要。只有实力雄厚的大公司可以采用。

（3）选择目标市场营销策略。营销策略是根据产品特点、市场特点、企业品牌定位、产品生命周期及竞争对手情况来制定的。一般分为：

第一，无差异性营销策略。适合单一产品的营销，企业采取单一的营销手段，去吸引相对一致的顾客群体。

第二，差异性营销策略。适用于多产品的营销。需要将市场先细分为多个子市场，选择其中多个子市场为主要推广目标，再根据细分市场制定不同的营销策略。

3. 具体定位

品牌具体定位的确定需要两个步骤：第一步，针对不同的可能的目标市场确定不同的品牌形象；第二步，最终拟定品牌的目标市场形象，并将其符号化。

品牌的具体定位可以分为以下四步：

第一步，集中诉求，优化品牌形象。品牌形象是品牌定位的基础，品牌定位时，一切活动和策略都要围绕品牌独特的、鲜明的形象特征展开。品牌定位的个性化有利于强化消费者对品牌的记忆和认知，使品牌迅速被目标市场记住。所以，在营销策划中需要集中消费诉求，优化品牌形象。

第二步，产品跟进，品质保证。产品特性是一切营销宣传的基础，包括产品的质量、价格、特点、声誉甚至文化内涵等。它是品牌形象策划的依托，也是品牌定位的最重要的基点，是形成品牌内在竞争力的核心。决定产品竞争力的是生产技术，因此，企业要时刻不忘技术创新，提高产品质量，降低产品生产成本，才能够领先于同类市场其他产品，为培育强势品牌奠定根基。

第三步，传播策划，理念引导。酒香也怕巷子深，有了好的产品还需要给产品一个好的营销理念，借助优秀的传播策划对产品及其品牌进行宣传和推广。企业想要壮大品牌，需要将企业的理念融入品牌符号中，并通过一定传播机制将其输送给消费者，从整体上提升品牌和企业形象。

第四步，顾客感知，市场确认。品牌定位是以消费者为研究对象的，研究消费者的需求和潜在需求，建立其与产品之间的关系。因此，品牌定位必须要尊重消费者的感受和体验，提高消费者对品牌的感知。消费者感知越强，对品牌的忠诚度就越高，品牌的地位就越稳固。当品牌可以根据自身特征，在某个消费群体中处于竞争领先地位时，企业就成功完成了品牌定位。

### （七）品牌定位的策略

每个企业可以根据自身产品特点采取不同的品牌定位策略。

#### 1. 属性定位策略

根据产品品质的某项特点或产品的某项功能特性来定位。比如宝洁作为世界最大的日用消费品生产商和销售商，旗下拥有众多品牌，单就洗发水而言，飘柔是柔顺专家、海飞丝是去头屑专家、潘婷则是营养专家，其品牌定位都是以产品特点为导向的，品牌视觉形象设计都围绕其的产品特点而展开。

#### 2. 利益定位策略

利益定位是指根据产品具有的能够满足消费者需求的某种功能，或者可以给消费者带来的某种利益，以及帮助消费者解决问题的程度来对产品进行定位。消费者每天会接触海量的信息，而能记住的信息是有限的，在商品的消费中往往只对某一信息有强烈诉求，对这类信息容易产生较深刻的印象。因此，品牌可以在宣传中直接表达自己能为消费者提供的基本利益，从而避免定位策略的"撞车"。比如宝马的"享受驾驶的乐趣"、劳斯莱斯的"尊贵"、菲亚特的"精力充沛"、马自达的"可靠"、沃尔沃的"安全"等。

#### 3. 目标群体定位策略

目标群体定位是指企业针对自己的资源和能力向特定的客户提供有特定内涵的产品价值，这类特定客户即"目标群体"。使用这一定位方法可以节省企业资源，适用于品牌上市初期。

强生生产的产品专门为婴儿使用，婴儿皮肤娇嫩，与成人不同，但他们同样有护肤的需求，妈妈们一般不会选择给孩子使用成人的护肤品，强生品牌针对这一消费群体生产护肤品，形成了著名的婴儿护肤品牌。

#### 4. 竞争者定位策略

以竞争者为导向的定位就是要凸显品牌与竞争者之间的差异性。我国著名广告人叶茂中曾说过，一旦选定了市场和竞争对手，那么就必须在思维上和竞争对手反着来，不是试图做得比竞争对手好，而是要区别于它。

以可口可乐和百事可乐为例，两家可乐公司在产品包装、广告、形象代言人等方面的定位明显不同。百事可乐定位为"新一代的选择"，其品牌理念则是"渴望无限"。为了推广这一理念，它选择足球、音乐作为品牌文化的载体，在广告中借助一大批明星作为品牌代言人，使其"新一代的选择"这一品牌定位被人们尤其是青年人普遍理解和接受。而可口可乐定位的目标消费者的范围要比百事可乐广泛，近年来才出现广告策略趋于年轻化的倾向。可口可乐一向支持全球要事，它是支持奥运会历届筹委会时间最长、规模最大的赞助商。最初，可口可乐凭借典型的美国风格和美国个性来打动消费者。从1997年起，可口可乐开始注重品牌定位的本土化。在中国市场，他们的本土化策略主要有以下几个动作：第一，在品牌形象宣传上巧妙借助中国传统文化。特别是传统的节日时，用大量的包含传统文化的艺术符号结合民俗活动进行宣传；第二，借助中国社会大事件，如北京申奥成功、中国加入世贸组织等，通过赞助的形式参与其中进行品牌的宣传。这种本土化的宣传形式，更容易被本地消费者接受和喜爱，达到最佳宣传效果。

5. 情感定位策略

情感定位策略，即赋予品牌某种情感色彩，迎合消费者的消费心理，使品牌与消费者产生情感上的共鸣。戴比尔斯（DeBeers）以"钻石恒久远，一颗永流传"成为采用情感定位策略的一个经典案例。

6. 文化定位策略

品牌的文化定位指的是消费者对品牌在精神上产生的高度认可，这种精神认可是品牌自身精神气质与消费者需求的一致，在两者之间形成一种文化氛围，从而提高消费者对品牌的依赖和忠诚度。品牌的文化定位是非常必要的，它赋予了品牌独一无二的形象气质，提升品牌形象。

中国有很多传统文化，一些企业为迎合我国的传统文化，将品牌定位融于文化中，形成了品牌的文化定位，如，我国婚庆习俗中有饮用白酒的习惯，于是金六福特意打造出婚庆用酒，产品本身与普通白酒无异，但婚庆用酒的包装和广告让一款普通品牌的白酒销量大增。孔府家酒的广告词"孔府家酒，让人想家"，使人联想到在家人团聚、年节活动中，与家人共同饮用白酒的情景，促使其"家"

的品牌文化深入人心。此外，虽然脑白金的广告虽备受诟病，但其品牌通过礼品和保健品的双重定位同样拥有一块市场。

7. 档次定位策略

按照品牌在消费者心目中的价值将品牌分为不同的档次。高档品牌的定位策略要走高端路线，以体现品牌拥有者的身价和地位；中低档品牌的定位策略则要塑造物美价廉的品牌形象

8. 比附定位策略

比附定位策略就是通过攀附名牌来给自己的产品定位。以地方白酒宁城老窖为例，宁城老窖原来的品牌定位是"塞外茅台"，这显然是在通过比附茅台酒而提升自己的品牌形象。

9. 空档定位策略

空档定位，即寻找为许多消费者重视但尚未被开发的市场空间。这种定位方法规避了强势品牌的竞争势头，创造出了一个新品类，捕捉到了市场机会，经常可以为品牌经营者带来意想不到的效果。空档定位有很多种，如时间空档、性别空档、年龄空档等。

饮料行业竞争激烈，新品层出不穷，乳制品、果汁、咖啡、茶饮等在市场中不断创新，精彩纷呈。在这种情况下，王老吉凉茶一直销量不高，加多宝集团在市场调研的基础上确定了这一产品为"怕上火喝的饮料"的定位，并结合渠道、促销策略，在火锅店等消费场所推广销售，一时名声大噪，在市场中创造出"凉茶"这一品类让消费者家喻户晓。虽然后期加多宝和王老吉分化成两个品牌，但凉茶产品在饮料市场中已经占有了一席之地。

## 第二节　品牌理念与行为规范

品牌形象并非有形的标志（LOGO）、图案，在对其塑造时，我们必须从整体对品牌理念与行为规范进行把握，否则，无论设计的品牌形象多么"抓人眼球"，人们也很难对品牌形象留下深刻印象，甚至留下负面印象。

## 一、品牌理念

品牌理念是品牌形象的设计来源，要塑造一个卓越的品牌，首先要从规划清晰的品牌愿景开始。

品牌理念和品牌愿景是企业对未来景象的预设，包括将来实现的步骤和最终目标的蓝图。引导品牌愿景，制定品牌理念，才能制订具体可行的计划并创造出理想中的品牌形象。

要精心构筑品牌理念，首先要理解品牌理念的定义、功能和特点。明确品牌理念给品牌形象带来的影响和给受众带来的感知和判断。

### （一）品牌理念的定义

品牌理念是品牌的拥有者在与消费者建立关系的过程中针对品牌所提出的观念。能够使消费者在市场上对不同的产品进行区分对比，使消费者认可和接受。这就意味着在创建品牌理念的过程中需要深刻地理解认识消费者的兴趣所向，通过这一点来创立品牌理念，价值主张则来自企业本身的愿景和使命。因此，企业的品牌理念不是凭空提出的，必须符合相应的使命和愿景。

品牌理念在建立的过程中要考虑是否能够吸引消费者，消费者对一个品牌的出现是否会产生信任感，然后才能够以消费者为中心来突出品牌优势地位。品牌理念包含核心概念和延伸概念，它们都和品牌理念保持着统一，具体包括品牌的行业、主要产品等业务领域，品牌的跨国形象和本土形象，针对不同的文化体现出不同的风格，产品的定位、产品的风格等一致。

品牌理念是指能够体现出品牌的特性，也能够得到社会的认可，从而使品牌能够长期在社会中发展生存下去，能够充分展示品牌的价值体系。

品牌理念是一种由长期不断地发展总结所产生的主导意识，是从思想上、观念上以及心理等各种因素影响产生的，表现在群众的信念、价值观、道德标准、心理等方面，只要产生则不容易发生改变，是具有相当长久的稳定性。品牌理念是代表了品牌组织的深层次的精神结构，是品牌的精神寄托。

品牌理念是品牌统一化的精神标识，同时也体现了品牌独一无二的精神追求和气质，也使品牌区别于其他竞争对手。要构建体现自身独特思想的品牌，需要做到以下几点：首先，品牌形象设计需要与产品所在行业的特性及行业文化相契合；其次，品牌的设计必须要具有品牌自身原有的理念，并在本身的特征上加以优化，使其能够为品牌宣传策略提供持久的动力；最后创立的品牌要有属于自己的特点，能够与其他的竞争对手区分，体现自己的不同，体现自己的风格和特点。

## （二）品牌理念的功能

品牌理念的统一性，对品牌整体策略的持续运行，提供源源不断的动力。具体而言，品牌理念具有以下主要功能：

### 1. 导向作用

品牌理念是起着引导的作用，能够正确地引导员工对价值目标的追求，从而决定员工的行为方式。所以，强大的品牌具有强大的力量能够指引员工为之奋斗。品牌理念贯穿的是品牌组织的全部活动，能够指引品牌为之发展的方向，影响全体员工的精神面貌，决定组织的素质和竞争能力。先进的品牌理念被组织采用，以及大多数人们所认可和接受，就会成为每个人为之奋斗向上的目标，可以形成合力从而对整个品牌起到推动作用。

### 2. 激励功能

品牌理念不仅体现着品牌价值追求，也是员工行为准则的最高标准。所以，员工如果能够认同品牌理念中的价值追求，就会获得极大的心理满足感和精神动力。这种精神上的激励有着物质激励无法达到的效果，更为深刻持久。品牌理念不但给员工以精神上的鼓舞，良好的品牌理念还能指引员工行为，进而带领整个组织更好地实现目标。

品牌理念同时也可以作为一种道德力量，对内规范员工的道德标准和行为准则，使员工养成良好的内在道德品质，提升员工总体素质。品牌理念为员工提供心理支持，可以增强员工心理力量，使其无论在企业顺境还是逆境中都能保持良好的心理状态，与企业共存亡。在竞争激烈的市场和艰苦的环境中，组织人员能够具有旺盛的斗争精神，具有坚定的信念、顽强的意志力，才能在不断发展和完善的过程中始终处于优势地位。

### 3. 凝聚功能

一个品牌的形成必须是需要很强大的向心力和凝聚力的，需要所有员工的认同和接受。品牌的凝聚功能，能够将企业员工的目标和理想、信念凝聚在一起，在企业中形成群体意识。品牌作为员工追求更好的价值和行为的原动力，是其凝聚力的具体体现。员工认可品牌理念，就会对品牌所在的组织产生归属感、向心力和凝聚力。

品牌凝聚力的核心是品牌和企业员工共同的价值观和共同的信念追求。共同的信念使不同层级的员工能够拥有统一的目标，为了这个目标，企业成员之间能够凝聚成一个统一的整体，朝着目标的方向不懈努力。由此可以看出，好的品牌一定能够起到引领作用，使员工对企业产生认可，一个良好的品牌会带来一个好的环境，使员工具有归属感，员工之间能够和谐相处，人与人之间产生了感情，互相帮助，在品牌的创作过程中能够更好地和组织人员之间进行沟通，共同体验辛苦、相互理解包容。融洽的工作环境，能够使员工心情愉快，充满斗志，员工感觉工作有前途，能进一步增强群体的凝聚力。

4. 稳定功能

一个具有强烈信念的品牌，是可以保证在品牌在受到外界打击的情况下，不会因为竞争或者环境因素的变化而有所衰败，从而使品牌组织能够稳定有效地发展。为了使品牌稳定有效持续地发展，保持一种持久性，就要增强品牌理念的认同感和整合力，稳定品牌组织的技术发展。

（三）品牌理念的特征

1. 时代特征

品牌理念不能脱离品牌运行所处的时代，时代在不断变迁，不同时代具有不同的特征。品牌理念要与时俱进，不断更新，才能满足消费者变化的需求。

2. 民族特征

品牌拥有者应着眼于中国各民族的传统文化、民众心理、宗教信仰来制定与本民族传统相吻合的品牌理念，以使品牌的经营思想能迅速深入人心。

一直以来都致力于中草药日用化妆品的研发、生产和销售的霸王集团，近年来快速崛起于中药日化版图，成为中国民族日化品牌的翘楚，目前霸王集团已经蝉联五年中药类洗发水和防脱类洗发水的双料冠军。2012年以来，霸王集团选择以"中药日化工业园"的开业投产再次显示出对中药日化市场的强大信心，而该项目主要生产中草药洗发水、护肤品等产品,产量将会达到年孵化量30万吨、年罐装量达到2000万箱。2013年霸王集团推出了新型的针对女性防脱发系列,传承了祖传《养血荣发方》之精髓,目的是帮助女性解决在洗发过程中出现的脱发掉发的问题,可以激活头皮活力,其中的防脱复合原液都是来自霸王有机中草药种植基地,在使用过程中,注入营养液,在此基础上,霸王的产品阵营进一步被扩大,也在满足不同消费群体的需求。

3. 行业特征

品牌理念要立足于品牌组织所处的行业,针对行业技术状况、市场状况、产品特征、人员素质、消费者的偏好等来设计自己的理念。

消费市场的不断扩充促进了乳业市场的不断细分,这在全球乳业市场中已经达成了共识。尽管牛奶产业曾经被称为"最不可能做出花样"的产品,但是蒙牛集团却是在不断地挖掘市场上的需求,创造出新的花样,持续地推出新的产品。一直到蒙牛推出了新养道,蒙牛所作出的新养道是经过大量的资料查询以及相关专家的推荐,结合中国传统的食材功效,将牛奶中加入红枣、枸杞以及阿胶构成了具有营养价值的新品类,可谓东方5000年的养生智慧与西方现代科技的结晶,为功能性乳品树立了新的标杆。

4. 拥有者偏好

品牌拥有者偏好是理念开发最直接的依据。它再现了品牌拥有者的个性特征和对品牌特色的理解或希望,是拥有者对品牌在市场中的定位,表现为品牌组织从上到下在经营活动中的一贯性总体倾向。

七匹狼男装是中国男装行业的开创性品牌,是致力于满足消费者现代化、多元化生活需求的高品质的服装产品。七匹狼的定位始终瞄准的是商务休闲男装的定位,在创立七匹狼的时候,董事长周少雄认为一个品牌的传播需要的是一个响亮的口号,使人们能够很快地认识、记住这个口号,所以他提出了励志的品牌风格,周少雄认为,七匹狼不只是能够穿在身上的衣服,更是可以给人们共享的价值观和激励奋斗的动力,所以用过"奋斗无止境""做强者"等口号,读起来朗朗上口,使人们更加注意该品牌。在2005年的时候,七匹狼更换了新的广告语:"男人,不止一面,今天你要秀哪一面?"由于品牌对不同消费者的价值观需要的影响，产品的品质也在不断地提升，逐渐开始注重功能性产品的领域，用高性能的面料制造高品质的产品，变得更加时尚，色彩上面也会更加绚丽。

### （四）品牌理念的审议原则

品牌理念是否独特，需要审议品牌的内涵是否符合以下几点：

1. 品牌使命

品牌使命是一种责任要求。在企业的发展历史中，品牌使命有着较为稳定的要求，即必须符合社会主流价值文化，有利于社会发展和环境保护。品牌使命也具有历史文化特征，在企业不同的历史发展阶段和品牌规模的不同发展阶段，品牌承担着不同使命。例如，成熟、大型的品牌企业承担的社会责任要比初创、小型的品牌企业多。

另外，品牌使命还具有区域、行业的特征。不同品牌的产品对目标客户群的社会职责要求迥异，在行业和市场范围的限制下，品牌使命也各不相同。

2. 品牌宗旨

品牌宗旨是品牌运作活动的主要目的和意图。从长期发展角度看，品牌宗旨表现为品牌目标；从短期发展角度看，品牌宗旨表现为一定时期统领企业运作的思想纲领。品牌的宗旨反映了品牌的价值，在运作中由品牌经营方针来体现。品牌宗旨可以分为社会层面的宏观宗旨和企业品牌事业发展的微观宗旨，其中包括质量、研发、服务宗旨等。

3. 品牌个性

品牌个性指品牌形象的风格和气质，通过品牌风格外化。品牌个性具有特定的品牌内涵，表现企业的理念和思想。1997年，珍妮弗·阿克尔根据个性心理学研究方法，选取了一些名牌为研究对象，发明出了品牌个性维度量表（Brand Dimensions Scales，BDS），这是一个系统性的统计量表，将品牌个性分为五个维度，细分品牌个性，也可以将其归纳为15个层面、42个品牌人格。品牌在不同国家也会表现出不同个性。例如千家品牌实验室通过对近六年来20个行业领域1000多个品牌的持续监测与品牌个性分析，提取出一些体现中国本土化的品牌个性词汇。新增品牌个性词汇对应品牌人格，并归纳到由阿克尔提出的品牌个性五个维度中，就形成了51个品牌人格（如表2-1）。

表 2-1　中国本土化的品牌个性的五个维度

| 品牌个性的五个维度 | 品牌个性的18个层面 | 51个品牌人格 |
|---|---|---|
| 纯真 | 务实 | 务实、顾家、传统 |
|  | 诚实 | 诚实、直率、真实 |
|  | 健康 | 健康、原生态 |
|  | 快乐 | 快乐、感性、友好 |
| 刺激 | 大胆 | 大胆、时尚、兴奋 |
|  | 活泼 | 活泼、酷、年轻 |
|  | 想象 | 富有想象力、独特 |
|  | 现代 | 现代、独立、当代 |
| 称职 | 可靠 | 可靠、勤奋、安全 |
|  | 智能 | 智能、富有技术、团队合作 |
|  | 成功 | 成功、领导、自信 |
|  | 责任 | 责任、绿色、充满爱心 |
| 教养 | 高贵 | 高贵、魅力、漂亮 |
|  | 迷人 | 迷人、女性、柔滑 |
|  | 精致 | 精致、含蓄、南方 |
|  | 平和 | 平和、有礼貌的、天真 |
| 强壮 | 户外 | 户外、男性、北方 |
|  | 强壮 | 强壮、粗犷 |

### （五）品牌理念的修订

确定了品牌理念框架之后，要进一步修订、丰富和完善核心理念，细致探讨理念的各个方面，形成系统、立体的思维形态，为后续的品牌视觉形象设计、品牌广告设计、品牌传播和品牌营销等做铺垫。品牌理念修订过程中要审查以下关键点：

1. 是否符合产品类别

每一种产品都具有不同属性，按照产品类别制定品牌理念是基本要求。在这个层面上，应强调品牌产品在满足消费者基本需求上的独特优势。比如，汽车品牌沃尔沃（VOLVO）的理念注重安全性能；凉茶品牌"王老吉"的理念注重防上火功能；化妆品品牌"资生堂"的理念注重女人一瞬之美和一生之美等，不同行业的品牌应突出不同的核心价值。

## 2. 能否塑造品牌故事和品牌气质

优秀的品牌都有各自的传奇故事,事实上,这是迎合品牌理念、塑造情感和价值属性的必备要素。在这个层面上,主要强调消费者对某些事物的情感需求和价值追求。情感需求包括亲情、爱情、友情、事业成就感、家庭温馨和谐、赞扬、人际关系等。价值追求则源于目标消费者对生活的追求,例如,美国通用电气公司(GE)表现为对未来和梦想的追求,耐克(NIKE)代表突破自我。这些都是品牌故事和品牌气质完美塑造的典范。

## 3. 是否符合民族文化

各美其美,美人之美,美美与共,天下大同。费孝通先生的这一思想在当下已经引起了国人的高度重视,并且已经在相关领域得到应用。日本设计师黑川雅之也认为,设计只有和本民族、本地区相结合,才能生根发芽,茁壮成长。可见,品牌设计只有符合民族文化特性的理念,拥有丰富的文化底蕴,才能拥有广阔的市场。

## 二、品牌行为规范

在品牌形象总体开发过程中,品牌行为规范是非常重要的。品牌行为规范指的是品牌在企业内部协调中,对外的交往中的行为准则。品牌行为规范具体体现在企业员工日常行为中,他们的行为举动直接反映出了企业的经营理念和价值取向,而不是随心所欲的个人行为,否则就很可能对品牌形象造成破坏——无论是对品牌形象的塑造产生负面影响还是损害品牌形象。因此,在品牌形象塑造中,我们一定要重视品牌行为准则的确立。

品牌行为准则分为企业内部行为准则和企业外部行为准则两方面:

### (一)企业内部行为准则

企业内部行为准则主要包括三个方面:为员工创造良好工作环境;对员工进行组织管理和教育培训;以及对其行为的规范和限制。行为准则制定的目的是培养员工忠诚度、增强企业内部凝聚力、提升员工素质、保证企业经营状况向良性发展。

1. 拥有良好的工作环境

安全、舒适整洁、团结合作、积极向上的工作环境，是每位员工所追求的。它一方面可以为企业树立良好的形象，吸引优秀人才的加入；另一方面，良好的工作环境有利于员工身心健康，提高工作效率。

2. 对员工进行组织管理和教育培训

定期对员工进行培训，才能使员工能力和素质不断得到提升。而严格的组织管理，规范员工的行为，才可以使企业内部形成良好的风气和工作习惯。无论从企业管理角度，还是从品牌策略的推行角度，员工素质的提升和行为的规范都是非常有利于工作顺利开展的。

3. 对员工行为进行规范

行为规范放到企业来说，它是一种需要群体共同遵守的行为准则。对员工的行为规范，主要从以下内容来着手：员工日常行为规范，包括仪容仪表、职业道德、见面礼节、礼貌用语等；员工对外的行为规范，包括礼仪宴请、迎送礼仪、舞会礼仪、会客肢体礼仪等。

（二）企业外部行为准则

企业外部的行为准则主要指的是品牌对外展示的形象。主要包括企业在广告活动、公关活动及市场活动中，向外部公众展示出来的积极向上的品牌信息和品牌形象。它是为提升品牌及知名度服务的，目的是树立良好的企业形象。

1. 市场调查

市场调查是企业进行经营活动的前提，也是企业进行新产品的设计与开发前必须要做的事情。

2. 服务质量

服务是具有无形的特征、可给消费者带来某种利益或满足感的一种或一系列活动。一般来讲，品牌的服务主要包括服务态度、质量、效率三个主要内容。从过程来说，服务又可以分为售前服务、售中服务、售后服务三个阶段。服务质量的好坏，关系到消费者对品牌的认可及企业对外品牌形象的塑造。

3. 广告活动

对企业来讲，广告可以从两个方面宣传，企业形象的广告和宣传产品形象广告。其中，企业形象广告的目的是将企业作为一个整体品牌，对外宣传本企业的文化、价值观等，以树立品牌形象扩大知名度。产品形象广告的目的，一方面是为了介绍产品特性；另一方面也是为了塑造产品品牌形象。通过品牌形象为消费者提供差异化的选择，给消费者留下深刻印象，从而培养消费者对该品牌的好感、信任度和忠诚度。

### 4. 公关活动

品牌行为准则的一个重要内容，就是品牌的公关活动。公关活动能够消品牌除已经产生的一些不良影响，以及消费对品牌的误解，重新树立品牌形象，获得消费者的支持。

## 第三节 品牌命名与文化塑造

### 一、品牌命名

品牌形象塑造，必须基于一个响亮的品牌命名。如果消费者仅留有对品牌形象的印象，却不知道该品牌形象名称，那么也实现不了品牌形象塑造的价值，也难以发挥品牌形象传播的作用。

#### （一）品牌命名概述

当今社会，品牌名称的用途已经远远超过早期的"识别符号"范围，经济的发展和时代的变迁赋予其新的含义，使其成为增强品牌竞争力的重要手段。好的品牌不仅可以引起受众独特的联想，还可以准确地反映品牌特征。对于企业而言，好的品牌名称还可以提高企业及其产品品牌的形象。

一个响亮的品牌名称，可以为品牌增添色彩，在品牌的对外宣传中起到画龙点睛的作用。成功的品牌几乎都拥有一个朗朗上口、便于记忆、能够体现产品特色的名称。好的品牌名称，能够使消费者在产生消费行为时第一时间回忆起来。品牌的命名的最终目的是将品牌传播出去，促进消费行为的产生。只有这样，品牌的命名才是成功的；否则，即使名称好听，如果传播力不强，也不能在目标消费者的头脑中占据一席之地。

打造品牌的核心在于建立一个品牌识别体系，其中第一步就是要给品牌取一个好名字。品牌名称是品牌资产所依附的对象，对于品牌未来的发展有着重要影响。品牌名称是非常有效且高度浓缩的沟通利器，是连接消费者与品牌的桥梁。品牌名称即品牌中可以用语言称呼的部分，如可口可乐、联想、索尼、丰田、家乐福、路易威登等，它们不仅有一个享誉国际的英文名字，其中文名字也为大家所熟知。

品牌名称的确定，必须要体现企业的经营理念，要有独特性，易于记忆，同时要避免谐音，避免引起不佳的联想。在表现企业形象及名称时既要与品牌理念相一致，又要具有一定的时代特色。

### （二）品牌命名的方式

#### 1. 以创始人的名字命名

以创始人的名字命名产品品牌在品牌的发展历史上比较常见，当欧洲手工作坊主把自己的名字标在自己的产品上，用自己的名字或人品担保产品的质量，从而赢得消费者的信任并购买时，便出现了人类史上的品牌商品。法国最早报道品牌商品的文章说认为，消费者们可以完全相信那些印有生产者名字的商品的质量，因为我们很难想象，哪一位生产者敢用自己的名字开玩笑。

后来，这种用创始人的名字命名成为一种通用方法。有的创始人不但以自己的名字作为品牌名称，还把自己的经历撰写成传奇故事，给品牌注入了文化元素。从著名的品牌中，我们也可以看到许多这样的例子，如，戴尔（Dell）品牌是以创始人迈克尔·戴尔（Michael Dell）的名字命名；惠普（HP）品牌全名为"Hewlett Packard"，就是两位创办人的名字比尔·休利特（Bill Hewlett）和戴维·帕卡德（Dave Packard）的首字母组合；香奈儿（Chanel）品牌是以创始人加布里埃·香奈儿（Gabrielle Bonheur Chanel）的名字命名；迪奥（Dior）品牌是以创始人克里斯汀·迪奥（Christian Dior）的名字命名；雀巢（Nestle）品牌是以创办者亨利·内斯特（Henri Nestle）的名字命名等。

尽管采用创始人的名字命名是一种古老的方式，然而目前在某些产品领域，如服饰时装，采用设计师名字命名的方式仍不鲜见。以创始人名字命名方法的扩展是采用与产品相关的名人作为品牌名称。在这方面有个著名的例子——"沙宣"（Vidal Sassoon），用上这位传奇式的美发造型师的名字后，产品的营业额在10年间暴增了12倍。我国著名体操运动员李宁退役后，创建的"李宁"牌运动装，很快成为中国名牌产品。

2. 以生产地命名

凭借地区的独特资源和历史文化，用地名命名产品，标志产品的唯一性并区别于其他竞争者，而国际上的原产地保护政策为这种方法提供了更强的品牌排他性，所以以地名作为品牌名称的方法一直受到企业的推崇。例如，"肯德基炸鸡"来自美国肯塔基州；"麦斯威尔咖啡"出自一家名为"Maxwell House"的高级旅馆；依云（Evian）矿泉水来自法国埃维昂（Evian）小镇；中国的"青岛啤酒"来自青岛；"贵州茅台酒"来自贵州茅台镇等。

3. 直接用现成词汇命名

这一命名方式可以选用名词、形容词、动词等，也可以是有关动物、植物的词，或是以自然现象和自然景观命名，如汰渍（Tide，潮汐）洗洁剂、帮宝适（Pampers，溺爱）纸尿布、长虹电视、小米手机、莲花味精，还有太阳神、熊猫、梅花、好猫等。西方还常常采用希腊罗马神话中神的名称命名，如，耐克（Nike）是希腊神话中的胜利女神；阿芙罗狄蒂（Aphrodite）香水是以能迷惑众神和男人的爱神阿芙罗狄蒂的名字命名的。

在中国传统文化中，诗词受到广大群众的普遍喜爱，吟诗作赋是一种文化时尚，具有广泛的传播力，因此诗词成为品牌名称的重要源泉，如"红豆"取自王维的诗词《红豆》，"楼外楼"出自名句"山外青山楼外楼"，"百度"来自"众里寻他千百度，蓦然回首，那人却在，灯火阑珊处"，中国电信的天翼公司的"天翼"出自《庄子·逍遥游》"伟大哉横河鳞，壮矣垂天翼"等。

4. 以暗示产品质量或特点的方式来命名

瑞士劳力士（ROLEX）手表品牌以精确、高质量著名，引申出以"-EX"结尾的单词具有精确的含义。例如，天美时（TIMEX）手表品牌，既有"时"（TIME）的含义，预示手表行业特点，又有"美"（-EX）的美好意义；日本松下

（Panasonic）品牌，其中前缀"pana"表示"全景"，后缀"-sonic"表示"声音的"；夏新（Amoisonic）电子品牌和优派（View Sonic）电子品牌亦采用后缀"-sonic"等。

5. 以首字母或数字命名

利用首字母命名品牌也十分流行。例如，国际商业机器公司（IBM）和宝马（BMW）分别是公司名称"International Business Machines"和"Bayerische Motoren Werke"的字头缩写；美国的著名香烟品牌万宝路（Marlboro），是英文短语"Men always remember love because of Romance only（爱情永记，只缘浪漫）"的缩写，也是万宝路的初始定位；中国的TCL是生产电话机起家的，TCL是"Telephone Communication Limited"的缩写，后来因企业发展需要，TCL寓意改为"Today China Lion"，意为"今日中国雄狮"。以数字作为品牌名字的例子也很多，如日本"7-Eleven"连锁店、英国的"555"牌香烟、中国的"999"药业等。

6. 以杜撰或虚构的方式命名

杜撰和虚构能产生最具特色的名字。例如，柯达（Kodak）的名字是其创始人乔治·伊期曼（George Eastman）杜撰的，因为他想要以一个不寻常的字母开头并结尾；泡舒（Paos）洗洁精是将肥皂（Soap）反写而得；日本的索尼（Sony）和中国的海尔（Haier）、联想（Lenovo）都是企业为特定的目的，通过组织人员创造的一个新名词，最后都成了世界知名品牌。

7. 以现成词的变异组合来命名

现成词的变异组合往往蕴涵着产品功能或性质。例如，百事可乐（Pepsi）来自胃蛋白酶的英文单词"pepsin"；金霸王电池（Duracell）是由持久的英文"durable"和电池的英文"cell"组合而成；劲量（Energizer）即电池给你能量（Energy）；雷朋太阳眼镜（Ray Ban）的功能是抵挡（Ban）光线（Ray），其广告口号是"Ray Ban Bans Rays"，意即雷朋太阳眼镜能够抵挡光线。

8. 以产业特征属性命名

例如，果汁品牌纯果乐（JUST JUICE）；白酒品牌五粮液，产品以五种粮食酿造而成；可口可乐（Coca-Cola）的配方由可口（Coca）叶和可乐（Cola）坚果组合而成。

9. 以动物、水果、物体命名

例如，苹果计算机品牌、壳牌汽油、熊猫彩电、金龙鱼油、麒麟啤酒、鳄鱼服饰、小天鹅洗衣机、白猫洗衣粉等。

### （三）品牌名称具有的信息传达作用

为品牌命名的意义重在差异化信息的传达，所以品牌名称自身就已包含了差异化的产品属性信息，使品牌的特点浓缩至品牌名称。品牌名称不只是一个音节、一个符号，还承载了诸多有效信息并发挥着传播信息的作用，在信息的传达作用上具有重要意义。品牌名称表现出以下六种信息传达作用：

1. 帮助记忆

发音和朗读易被受众接受，是广告传播品牌的关键之处。根据人的记忆特性，可爱的、愉快的、俏皮的发音的传播效率比较高，进入受众记忆的概率也会较高。例如，IBM 的品牌全名是国际商用机器公司（International Business Machines Corporation），简化为 IBM 后不仅更加国际化，而且简洁易记；TCL 亦从电话通信有限公司（Telephone Communication Limited）演变而来，简洁上口；摩托罗拉的 Moto、卫浴品牌的 TOTO 读起来都俏皮可爱，容易记忆。

2. 促进理解

简单的名字可以减少受众对于名字的理解和认知努力，这就是为什么很多名称较长的企业会以缩写代替。例如，中国中央电视台（China Central Television），简称 CCTV；英国广播公司（British Broadcasting Corporatio），简称 BBC；索尼和爱立信联合后简称索爱；等等。中国品牌尽可能不选择过于复杂的笔画数作为品牌名称，如伊利、大宝、联想、方太等。

3. 引发联想

高意义性和高象征性的词语能够引起人们的联想，从而引发某种情境和心情，以起到唤起受众记忆的目的。例如，农夫山泉给人的直接感觉是其天然水的概念；小护士给人以专业的化妆品形象和守护、温暖的语义联想；蓝月亮洗手液使用色彩形象词，给人的感觉非常干净；美的生活产品给人以生活可以很美的感受等。

4. 对产品类别进行暗示

例如，蒙牛品牌就给人以内蒙古奶牛的联想，通俗易懂，而且富有特色。宝马品牌和奔驰品牌也直接反映了汽车行业的产品属性。

5. 对产品定位进行暗示

以宝洁公司的两款清洁产品为例。宝洁公司推出两种品牌的洗衣服，产品定位在高端消费者人群的品牌是"碧浪"，产品面向普通消费者的品牌是"汰渍"。通过字面意思，"碧"是一种颜色给人洁净、透明的感觉，"浪"蕴含着漂洗的动作，品牌名称非常富有意境，符合高端人群消费特征；"汰渍"从字面意思看，直接强调了产品的去污能力，这种直白表现更符合一般消费者需求。

6. 对产品的质量进行暗示

例如，Sprite 饮料在中国港澳市场销售初期，根据港澳地区人民爱祈求吉利的心理常规，按其谐音取名为事必利，但实际销售情况并不好。后改名为雪碧，给人以冰凉解渴的印象，产品也随之为消费者接受。美国宝洁公司的洗发水产品飘柔，意为头发飘逸柔顺，既能充分显示商品的特性和质量，又能给消费者留下美好的遐想。

当然，很多品牌都有以上几点兼顾的优秀命名，物同人事，在品牌的名字里同样包含着品牌拥有者、品牌维护者和品牌受众的期望。

## （四）品牌命名的原则

1. 简单易记

易读易记的名称是理想选择。绝大多数拥有较高知名度的品牌名称都具有简洁特征。为了便于信息传递，欧美许多公司把公司名称缩短或简化。日本索尼公司原名为东京通讯工业株式会社，它的创始人盛田昭夫认为要使企业成为国际型企业，必须有一个适于全世界的名称，但原有的音译名过于烦琐，本想取缩写 TK 作名称，却发现在美国这类公司特别多。经过反复考虑，他找到了一个拉丁文"Sonus"（声音），该词本身充满声韵，刚好同该公司从事的行业关系密切。同时，又与英语"Sonny"结合在一起，不管是"Sonny"或者"Sunny"，都有乐观、光明、积极的含义。美中不足的是"Sonny"在日语中读成"Sohnee"（丢钱），这自然犯了商家之大忌，于是盛田昭夫灵机一动，去掉一个"n"，拼成了 Sony，创造出了一个字典上找不到的新词——"SONY"。诸如此类的品牌名称还有"本田""海尔""东芝"等。

2. 易于联想

一个好的品牌名称要易于联想，即使在没有任何广告宣传或市场营销的帮助下也能够使消费者产生积极正面的联想，以此来推断产品的属性和利益点。例如，飘柔就给人以丰富而美好的想象空间；可口可乐从品牌名称就给人以明确定位；日本著名的连锁便利店 7-Eleven 原先名为 "UtoteM"，1964 年由于该企业将营业时间调整为上午 7：00 至晚上 11：00，因此便将品牌名改为 "7-Eleven"，让人一目了然，印象深刻；味全是中国台湾著名的食品公司，原名为 "和泰化学工业公司"，后因为多元化的经营，将公司名称改为 "味全食品有限公司"。公司标志以最为简单的圆形为基本要素，五个圆点分别意指酸、甜、苦、辣、咸五味，意喻中华美食的 "五味俱全"，体现了中国人对于烹饪调味的重视。

3. 独特而个性化

独特而个性化的品牌名称容易引起消费者的注意，也可通过与竞争者的明显区别来树立自身的地位与形象。例如，"劲量电池" 恰当地表达了产品持久强劲的特点；"固特异" 用于轮胎，准确地展现了产品坚固而耐用的属性；"农夫山泉" 也形象地反映了其 "天然水" 的概念。很多品牌的名称，甚至已经成为同类产品的代名词，让后来者难以下手。苹果公司于 2010 年推出 iPad，取得了巨大的成功，使得它几乎成为平板电脑的代名词。即使后来很多公司推出同类的产品，如联想的乐 pad、华硕的 EeePad 等，都难以摆脱苹果的阴影，销售状况不尽人意，品牌影响力很小。所以看似热闹的平板电脑市场，其实也只是苹果一家独大而已。

4. 符合法律规范

法律对品牌保持竞争力来说至关重要，因此在对品牌命名的时候，要事先进行商标检索，避免会产生不必要的商标侵权行为。某些地名和通用名称虽不构成侵权，但由于不能通过商标注册来取得法律保护，因此也不宜选择。

（五）品牌命名的程序

品牌命名首先要成立一个专门的工作小组，针对市场情况进行前期调查，提出各种备选方案，并进行法律审查，然后进行名称评估，最后选出名称。命名的过程如图 2-3 所示。

成立命名工作小组 → 前期调查 → 提出备选方案 → 法律审查 → 名称复查

图 2-3　品牌命名程序

1. 成立命名工作小组

命名工作小组的组成除命名专业组织和企业领导外，还应该包括产品设计人员、市场调查人员等。命名小组要明确职责和工作目标，理清工作程序和工作思路，进行工作分工和协调，组织命名工作。

2. 进行前期调查

前期调查的内容包括产品性能和独特的卖点、目标消费群体及其收入状况、市场上同类产品的销售状况、市场前景、市场范围、名称还可能在哪些品类上使用等，然后分析、判断什么类型的品牌名称适合品牌形象和公司资源、什么样的名称与目前公司及产品的名称相适应、什么样的名称与公司的企业文化相匹配等。

3. 提出备选方案

根据前期调查的情况，明确命名的方向和原则，然后组织提出备选名称。在提出备选名称的过程中要集思广益，发挥个人和团队的想象力和创造力。名称的来源可以是个人的思想火花，也可以是团队的深思熟虑，还可以组织人员利用电脑软件进行名称创意，然后对所有备选的名称进行初步筛选。

4. 进行法律审查

对初步筛选出的名称进行法律上的审查，确保名称的专有性与合法性。

5. 进行名称复查

名称复查要结合两种方法：第一种方法是组织语言学、心理学、美学、社会学和市场学等方面的专家组成筛选小组，可以对备选的名称从合适性、独创性、创造力、能动价值、识别力、延伸力六个方面进行复查，称为 Sock-it 评价法；第二种方法是消费者调查法，即进行品牌名称联想测试、记忆测试、定位测试、偏好测试等。经过名称筛选复查后得到的几个名称，需要专家和领导层最后做出决策，选出最后的品牌名进行法律注册。

## 二、品牌文化塑造

### （一）品牌文化的概念

品牌文化（Brand Culture）的形成是一个长期过程，它是在经营中逐步积淀起来的。品牌文化是社会文化特质在品牌经营和沉积过程中，反映在经营活动中的文化现象。它是品牌、社会文化与品牌形象的总和，代表了企业和消费者的情感认知。品牌文化是品牌形象的一部分，赋予其丰富的文化内涵，便于品牌定位的确立。通过品牌文化的宣传，可以使消费者对品牌产生精神上的高度认同，甚至会形成品牌信仰和崇拜。

价值内涵和情感诉求是品牌文化的核心，它包括品牌凝聚的价值观，倡导的生活态度，引领的审美情趣，追求的个性修养和时尚品位，包含的情感诉求等。品牌通过品牌符号，将其蕴含的价值观、个性、品位等文化内涵传达给消费者，引领指消费者甚至时代的格调、生活方式和消费习惯。

品牌文化的塑造通过外在产品和品牌内在精神的完美统一，给消费者带来物质精神双重满足，不仅能慰藉消费者心灵，甚至可以超越时空限制，给予消费者长期而持久的精神寄托，在消费者心灵深处形成对品牌深深的认同和眷恋。品牌因此而有了强大生命力和非凡的影响力。

### （二）品牌文化的特点

1. 差异化

品牌建构的出发点是区别于其他品牌，彰显品牌的差异化特征，因此，在品牌的发展过程中应逐渐积累、提炼形成品牌文化。突出的特点就是具有品牌差异化特质，体现品牌个性和品牌文化价值。例如，微软的"Be what s next（成为下一个）"就彰显出品牌独特的品牌文化特质和品牌文化诉求。

2. 主观性

品牌文化是品牌创立者及拥有者提前"设置"的理念诉求和品牌价值观的整合，通常带有主观意识性。品牌文化在形成的过程中，离不开品牌决策者和管理者的总结、梳理和调整，因而具有鲜明的主观性色彩。而品牌文化诉求点也往往强调建构品牌所自有的人性化诉求，从而达到与消费者或受众的情感沟通，并使品牌文化被不同群体接受。

3. 持续性

品牌文化也需要持续性的"坚守"。品牌文化建构完善后，在品牌文化传播过程中，一般需要持续、反复宣传特定品牌定位语和品牌文化理念。品牌文化传播中反映的品牌价值观、品牌精神、品牌个性等，都具有一定的稳定性。如麦当劳发展至今坚持使用的"i m lovin it（我就喜欢）"体现了麦当劳的品牌文化核心诉求。

4. 体现凝聚力

品牌文化是企业文化和品牌价值观的提炼化呈现，体现了企业及其品牌的凝聚力。同时，品牌文化建设和品牌文化传播的过程，能够凝聚消费者并提高受众关注度，品牌文化的深入人心能够推动品牌影响力、忠诚度的提高，也体现出品牌文化的凝聚力。

5. 内涵不断丰富

随着时代的发展、社会文化的变迁和市场环境的变化，品牌也在不断注入新的内涵。品牌文化自身的内涵不断丰富，为品牌文化建设和品牌文化传播提供新动力，从而使品牌文化更具吸引力和影响力。

### （三）品牌文化的发展及主要功能

品牌文化的发展一般经历四个层次，即表层—浅层—中层—深层。表层文化主要体现在以视觉为表象，建立完善的品牌形象；浅层文化主要体现在强有力的品牌服务手段反映的品牌服务文化；中层文化主要体现在符合市场审美观的战略构成所反映的品牌营销理念；深层文化是品牌的核心，以完整统一的品牌战略思想为支撑。品牌文化的主要功能体现在对内凝聚、消费导向、文化融合、市场辐射、心理满足、行为约束六个方面。

### （四）品牌文化的作用

1. 提升品牌竞争力、影响力

品牌文化的塑造本质上来说是一种商业活动，目的是提升品牌的影响力和竞争力，最终来谋求更好的销售业绩和企业利润。因此，提升品牌竞争力和影响力是品牌文化所追求重要目标。如何实现这个目标是进行品牌文化建设时需要考虑的问题。文化的作用就是增强企业或者品牌的凝聚力，对外提升品牌美誉度和竞争力，最终将无形的品牌资产变为有形的资产。除此之外，品牌文化还可以利用其已经形成的影响力，帮助企业应对遇到的危机，为企业的发展保驾护航。

2. 有助于提高品牌忠诚度

根据消费者对品牌的忠诚程度，我们可以将消费群体划分为坚定型、不坚定型、转移型和多变型四种。其中坚定型消费群体对品牌来说是最有价值的群体。在产品同质化严重的今天，想要让消费者从众多品牌中记住某一品牌，最有效的办法是赋予其独特的品牌文化，品牌文化又可以培养消费者的忠诚度。

3. 满足消费者文化需求

在物质生活基本得到满足的时代，人们对精神层面的深层次需求更加渴望。并逐渐把这种渴望融入商品选择上。因此，增强文化内涵是提高产品竞争力的最佳渠道。"在这个世界上，我找我自己的味道，口味很多，品位却很少，我的摩卡咖啡。"这是一则摩卡咖啡的宣传文案，它就是将自己品牌"不赶时尚、有自己品味"的文化传达给认同这种理念的消费者，同时将它作为一种生活方式，融入消费者的精神需求中。

4. 导向性作用

品牌文化的导向作用分为外部导向作用和内部导向作用。

面向消费者的外部导向作用：在对品牌的宣传过程中，通过品牌文化倡导的价值观、审美观、消费观，吸引消费者认同其理念，引导消费者消费观念转变，从而提高消费者对品牌的追随度。

面向企业员工的内部导向作用：品牌文化蕴含的价值观获得员工的认可，并产生强大的感召力，形成精神向导，引导员工将企业目标转变为自我目标，矢志不渝地为实现企业目标而努力奋斗

5. 资源整合作用

品牌文化建设是一个资源整合、优化的过程，其中，品牌文化塑造涵盖了设计、生产、销售、服务等多个环节，品牌文化传播涵盖了媒体策划、品牌传播渠道选择等多个方面，并涉及人力、物力、财力等多种要素。品牌文化建设通过对

各类无形资源的组合、配置，对有形资源进行选择，并实现内部和外部资源的优化组合，从而达到资源整合利用的合理化效果。

**（五）品牌文化的塑造方法**

品牌文化是通过品牌形象来塑造的。品牌形象塑造包括了几个要素品牌设计、品牌定位、品牌个性。而品牌文化是其灵魂，也是其核心价值的外在表现。品牌文化又关乎企业、消费者、向往者和社会公众，关乎生产过程、营销过程甚至使用过程，因此，品牌文化应在有多元需求的市场主体之间，在不同的生产、销售、使用过程等多层次运营中，凝聚、塑造一个共同认可、接受的价值观，并得到消费者和企业外部利益相关者的肯定和分享。品牌文化塑造包含四个层次：质量、功能，要能够满足最基本的要求；包装、形象，包括包装、标志、名称、外形等；故事、人物，指附带在品牌之上的传奇故事和代表人物；理念、价值，即迎合目标客户的内在理念和核心价值。以下是企业塑造品牌文化的几种做法：

1. 创作象征符号

文化通过象征体系深植在人类的思维体系中，塑造品牌文化也需将品牌元素根植于消费者心中，并成为某种象征符号。许多品牌的符号元素都会被赋予文化意义，然后把具有象征意义的品牌文化传播给消费者，引起消费者的共鸣。

2. 营造仪式化气氛

仪式是一种表达重视和情感的象征性行为，常常需要重复和固定性地举行。有些品牌希望消费者对产品的使用与特定的仪式紧密联系在一起，如，百事可乐在中国春节期间的广告语"祝你百事可乐"，意在将产品名称与中国人在节庆中注重的"好兆头"联系在一起，使得产品不仅仅被当作普通饮料，还可以被看作是新年的祝福。有些品牌则试图将产品的使用过程本身仪式化。例如，奥利奥饼干总是强调吃奥利奥最美味的方法是"扭一扭，舔一舔，泡一泡"，这个由制造商臆造出来的"仪式化吃法"成为奥利奥饼干一以贯之的广告主题。主题广告重复多了，消费者接受了，当再听到的时候就会引起共鸣。有些城市为了塑造城市品牌，通过定期的主题活动，用具有文化传统的仪式进行城市品牌塑造和传播。例如，巴西里约热内卢一年一度的狂欢节巡游、西班牙潘普洛纳的奔牛节等。

在"互联网+"时代，一些互联网电商和部分传统品牌企业特别是服务业通过设定诞辰日或节日，在这一天将店面装点一新，举行庆典仪式，利用价格优惠向消费者进行主题文化传播，久而久之便形成了品牌文化。

比如，每年11月11日本来是一个再普通不过的日子，但阿里巴巴根据单身男女们的生活状态，挑动他们的购物欲望，利用普遍价格优惠、超低价限量抢购等手段刺激购买，塑造"11·11"这个具有象征意义的"光棍节"，使其成为全民狂欢的"剁手节"，在人们的心中硬生生地植入了一个购物习俗、一个购物的文化仪式。这一天买手们喜滋滋地与别人分享着网上购物的经历，展示自己狂欢购买的成果，为"光棍节"提供了人们沟通互动的话题。

3. 塑造品牌领袖或英雄人物

许多品牌将其品牌创始人塑造成为品牌的代表。品牌创始人的行为、言论和个人魅力很容易被消费者嫁接到对品牌的认知中，而品牌创始人往往同时也是企业领袖，他们可以通过传输理念、讲述故事、确立承诺、表达主张、彰显个性等多种人性化的方式帮助品牌建立文化认同。

4. 传播品牌故事

品牌在介绍自己的时候，应该善于叙说自己的传奇故事。传奇故事能引起人的好奇、感动，能产生一种对故事主人翁肃然起敬的情愫，尤其是那些带有传奇色彩和戏剧性元素的创业故事。因此，品牌也往往借助品牌故事来塑造品牌文化，利用市场主体之间认可、接受并分享的价值观来传达品牌的本源。品牌故事包括企业领袖的奋斗故事、企业创业故事、品牌重大事项或转折故事等，也可以是品牌的历史故事。

5. 用传统文化元素对品牌文化进行凝练

中国具有丰富的历史文化，人们在这个文化中成长、生活，受中华文化的教化，文化元素非常容易引起华人的共鸣。企业在品牌文化建设中，以中国历史文化元素或具有标志性的地缘文化为基础，结合品牌产品的特点进行融合，形成具有特色的品牌文化，凝练品牌文化主题或品牌口号，通过电视、公共关系、促销、网络、社交平台等全方位传递给消费者，共同分享品牌主题，引发消费者的思考、欣赏和共鸣，提高品牌文化的感染力，扩大品牌影响。

"金六福"三个字中"金"是中国人喜欢的一种颜色，代表喜庆；"六"是一个吉祥的数字，代表六六大顺；"福"迎合了中国人盼望福到、喜欢吉利的心理。他们的结合可谓至善至美，人们在庆祝节日、祝寿、举办庆功宴时，很容易被品牌传达的文化氛围感染。

为了"金六福"的品牌推广，"金六福"在不同的阶段，推出了有针对性的"福文化"口号，"好日子离不开它，金六福酒""幸福的源泉，喝金六福酒""金六福，中国人的福酒""中国福，金六福"等，这些口号创意新颖，都突出用一个"福"字诠释"福文化"的理念和价值。

借鉴中国历史文化元素，塑造符合"福文化"的理念和价值，通过时代的主题口号，突出喜庆、感动的消费氛围，传递、分享幸福的感觉，使"金六福"获得了巨大的成功。

6. 建立品牌博物馆

品牌博物馆是品牌文化的载体，建立品牌博物馆就是塑造品牌文化，通常包括三种类型，即产品文化塑造、创业文化塑造和古迹文化塑造，其实质都是对品牌发展过程中留存物的整理、展示和传播。通过博物馆塑造品牌文化，就是把在时间长河中沉淀的品牌文化元素和传统可视化，变成可读的故事，变成消费者可以接触的实物。品牌拥有者或管理者应尽力让可视、可读、可触的文化元素深深地印在消费者的脑海中，因为实物的展示和陈列往往比语言的描述更具可信性和震撼力。

# 第三章 品牌形象的具体塑造设计

基于品牌形象的总体开发，我们可以具体开展品牌形象设计。本章为产品形象的具体塑造设计，重点论述了品牌形象要素的系统设计、品牌形象要素的应用设计以及品牌包装与推广设计三部分内容。

## 第一节 品牌形象要素的系统设计

品牌形象要素的系统设计包括：

品牌标志：是品牌或企业视觉沟通的基本形态、是品牌设计的核心、是基础系统设计中的基础。

品牌标准字体：中英文标准字体的设计和开发应从品牌的性质以及已形成的企业标志相协调的书写字体之中进行选择。它会在今后许多场合下应用。

标准色及辅助色：品牌在进行形象设计时，色彩的选择有着极强的渗透功能，它的使用范围相当广泛，如图标、字体、包装、广告、招牌、制服、店铺等。正因为使用范围的广泛，颜色甚至可以是带给消费者的第一印象。

形象图形或吉祥物：它本质上也是一种商业符号，同时也是一种弱化了的商业符号，是为了加强品牌公益形象的宣传手段。

下面，本书将逐一对此进行重点介绍。

### 一、品牌标志设计

品牌标志是公众识别品牌的信号灯。风格独特的品牌标志是唤起消费者记忆的利器。品牌标志是代表着品牌和企业的符号。是企业对外的品牌宣传策略的核心形象，具有稳定和统一的特点。

品牌标志设计的基础在于对品牌产品整体范围的认知，它是品牌在文化上、价值上、认同感上等诸多因素交织在一起的品牌象征符号。因此，品牌标志应该非常具有说服力，能令人产生对品牌的联想。标志的设计是多样性的，它强调的是满足消费者感情需求及理性认知。品牌标志，是品牌形象建立不可缺少的视觉要素之一。

（一）标志符号的起源

人类社会在产生的初期，社会生产的目的主要是满足人们自身物质需求。因为物品不具备交换功能，所以也就没有标记的必要。有些物品虽然也有铭文和年号，但主要起到的是装饰和宣誓所有权的作用。随着物质生产的发展，出现了产品交换，因此产品包装上逐渐出现带有商业性质的标记。这种标记的初衷，是为区分生产者。随着商品交换的扩大，出现了专门的商人群体，他们逐渐使用标志符号来彰显产品优势，招揽顾客，产品的购买者也逐渐养成了认牌购货的习惯。这样，商业性标记的作用日益显著，使用面也愈来愈宽泛。我国宋代时期，山东济南一家专造"功夫细针"的刘家针铺前有一石兔，故以兔为记。这是我国有记载的最早的商品标志了（图3-1）。

图3-1 "功夫细针"标志

在欧洲，标志符号的起源大致与我国相同，开始在商品上刻有文字和图案的标记，只是为了便于官方征税，或便于业主与工匠之间的记账。到了13世纪行会盛行时期，商品经济发达，珠宝细工及呢绒织造等每个行业的行会都有自己特定的印章标志，以保证产品的质量规格，体现服务态度，影响了后来欧洲商标标志的演变和发展。由此可见，商标、标志符号是随着商品生产和交换的发展而发展的。

### （二）品牌标志的设计原则

品牌标志作为品牌中最重要、最基本的视觉要素，在设计时应遵循以下原则：

1. 识别性原则

识别性是品牌标志的基本功能，是最具有品牌认知、区别及情报传达的功能因素，因此，品牌标志需要具有强烈的视觉冲击力。另外，品牌进行标志设计时，可供选择的题材丰富，造型要素范围宽广，表现形式多样，所以品牌标志还需要体现品牌理念和品牌内容，才能充分传达品牌内涵思想，从而获得大众认可。如"鳄鱼""彪马""报喜鸟""七匹狼"等品牌标志。

2. 领导性原则

品牌标志是品牌形象要素的核心，也是发动品牌情报、传达信息的主导力量。所有的品牌理念和活动，都是以宣传品牌形象为目标，品牌标志的领导地位贯穿于所有相关活动中，这就是其权威性的表现。如"李宁"和"太阳神"标志在形象系统中的组合应用。

3. 造型性原则

标志设计的题材丰富，表现形式丰富多彩。可以运用的表现符号有中英文字体、具象的图案和抽象的符号等，所以，标志设计的造型就显得十分丰富。标志设计的好坏，直接决定了品牌视觉传达效果的好坏，并且会影响其在消费者内心的品牌形象的优劣。"阿迪达斯""迪士尼""雅戈尔""361"等成功的品牌事例就充分地证明了这一点。

4. 时代性原则

品牌标志的形态必须具有鲜明的时代特征，才能应对发展迅速的现代社会和不断变化的市场竞争形势，品牌标志还应该体现品牌求新求变，勇于开拓，追求卓越的理念。当看到"中国银行""范思哲""美津浓"等品牌标志，会使我们感受到不同的时代气息。

5. 独特性原则

标志设计要凸显自己的特色，借助独具个性的标志来提升企业及产品的识别力。要在众多的标志中独树一帜,扩大差异性对比,独特性是标志设计应该达到的视觉效果。

6. 简洁性原则

品牌标志在设计的时候应该充分把握产品的功能特点,以及品牌的内在含义。并且能够运用恰当的符号语言,将其表现出来。设计标志的时候,应该遵循简洁性原则,运用点、线、面、色彩等要素表现品牌的形式格调。通过反复的推敲,巧妙构思,去粗取精,形成简洁生动、凝练集中的标志图形。

7. 审美性原则

标志设计应该符合美学规律,造型要有新意,产生视觉上的美感冲击,引起消费者对美的共鸣。在设计的过程中,还应该注意标志的图形比例,形成一种协调的、均衡稳定的标志图案。

8. 优美典雅原则

品牌标志是线条、色彩、形状等要素的组合,好的设计需要从艺术的角度来构思。标志设计风格中的现代主义标志设计风格,因其设计原则是简单运用方、圆和线等几何图案,更显优美典雅。"简单就是美""美在比例"的设计思想,得到许多品牌的青睐。例如,日本的三菱汽车品牌标志是三个菱形图案排列成一个三角形形状,如同三颗璀璨的钻石,体现了优美、简洁的设计理念。

标志设计的另外一个风格是后现代主义风格,这种风格强调的是感官愉悦,同样用简洁的,看似随心所欲和漫不经心的图案来传达品牌理念。例如,耐克标志性的图标,图案虽然简洁,但线条优美富有动感,图案形状、比例等符合美学规范,因此同样能给人以优美典雅的深刻印象,产生视觉冲击力。

### (三)标志的设计表现

标志的设计的构思阶段,首先要了解品牌或产品的文化及理念,找到标志设计切入点,确定标志设计最基本的造型要素,结合设计理论与设计技巧,根据图形的比例、空间分割、对称等表现,解决形式美的问题。设计师要特别注意了解品牌理念,再利用掌握的美学知识,设计出造型美且符合品牌个性和精神的视觉符号。

和其他学科一样,品牌标志设计不是杂乱无章的,它有着自身的设计规律,且在图形表现形式上是受到一定"约束"的。标志设计的总体要求是构思巧妙、寓意性强、形象简洁。

一般来说,品牌标志所需反映的理念内容是很抽象的,把抽象概念化为可视的形象,是品牌标志设计的最大难点。品牌标志中只有很少一部分才有直观形象设计,大多数的设计采用的抽象比喻的设计。怎么表达抽象的品牌理念,是一个从现象到本质的思考过程。所以,品牌标志设计的审美标准绝不是就事论事、狭隘性的图解要求。一个好的品牌标志,应当给人以启示和想象的空间,在一定程度上更深化了文化内涵,甚至可以令观者能够根据自身知识结构和价值取向对标志的内涵进行再创造。

### (四)品牌标志设计的要点

以目前中外优秀的标志设计来看,有这样一个基本的趋势和规律。从表现形式上,烦琐、复杂的设计逐渐被摒弃,简洁、明快的设计因为更容易被记忆并流行;从表现手法上,直观的图形设计转向更为抽象的几何图案设计,并增添文字和字母元素,使设计内容更加丰富。

主要设计要点表现在以下几个方面:

1. 简单明了,醒目突出

作为企业的标志,要用非常精炼、简洁的形象表达一定的含义,传达出明确的信息,无论是图形还是文字都要一目了然,符合易读、易认、易记的原则,能够给人们的视觉以强烈的冲击,并留下过目不忘的深刻印象。

2. 新颖别致,独具一格

"新颖""别致"最能体现设计的精神。中外优秀的品牌标志设计,无一例外都有着自身独特的设计风格,因此切忌模仿,避免雷同是优秀标志设计的基本原则。

3. 造型别致,优美生动

通过巧妙的构思和艺术的处理,使其具有强烈的艺术感染力,消费者在通过标志接受其企业的信息之外,也不失为美的享受。

4. 民族文化、风俗习惯

由于各民族制度、文化、信仰、风俗的不同,特别是还有专门的标志管理条例，因此，标志符号的命名和图形的选择必须慎重。在设计之前应进行充分的调查研究，认真推敲，方可拟出设计初稿，经过市场测试及各方面征询，最后定稿。

5. 形象单纯，涵养力强

优秀的标志设计应是简单之间蕴藏着丰富，以最简洁的语言，表达出最丰富的内涵。

### （五）品牌标志设计的形式美法则

品牌标志具有传达品牌信息的功能，同时也是一种设计美的传播。优秀的标志设计，会引起消费者感官和心理的审美冲动，并且影响消费者对该品牌第一印象，以及后续对该品牌的认可程度。消费者对形象美感的评价很复杂，不好把握，标志符号的视觉体验也不是孤立的视觉艺术鉴赏，而是与文化、观念和消费理念密切相关的。一般来说，标志视觉符号的设计应遵循通常的美学法则。

1. 对称与均衡

通过对自然的观察我们会发现，大多数的物体都是对称的，对称是人类生理和心理的要求；而均衡是在不对称中求平稳。就平面图形而言，均衡主要指视觉均衡。

2. 节奏与韵律

物体构成部分的规律构成了品牌标志的节奏与韵律。节奏体现出条理性、重复性、延续性，节奏有规律的重复、有组织的变化体现出韵律美。节奏是韵律的条件，韵律是节奏的深化。

3. 统一与变化

优美的标志图形必然有统一的审美特征，这种统一极易识别。统一的图形让人感到畅快，这种统一越单纯越美。统一若缺少变化，就会显得呆板，缺少灵动，就会使人产生审美疲劳。统一可以带来和谐美，也可能会带来刻板单调的印象；变化会带来感官的刺激，但如果毫无规律性可言，也就显得杂乱无章。因此，变化和统一一定是互生的，统一中有变化，变化中有统一，才是好的标志设计。

4. 比例尺度

良好的比例体现理性美，几何带来形式上的美。图形设计上常用的比例包括整数比、相加级数比、相差级数比、等比级数比和黄金比。

5. 比拟与联想

比拟和联想原是一种写作手法，指的是用一个事物的意象折射、联想出相似事物的意象。它是一种思维的推移与呼应。用在标志设计中，比拟和联想是指图形设计能够产生延展效应，令观者从其中推想出其他含义。运用比拟和联想的图形，多数是从自然现象中抽取出来的图形，形式逼真，一目了然；或者是对自然现象的概括、抽象、升华，这类标志比较含蓄，包含着某种文化和生活体验。

品牌标志的视觉设计往往立足于品牌意义、内涵和风格，并用这些形式法则对视觉元素进行整体构造与选择。随着消费观念的变化、营销环境的变化、媒体传播技术条件的变化，视觉形象的审美标准、表现方法和应用策略也会不断变化，没有具体、实用的表现手段和形象元素，仅依靠上述形式美学法则，很难创造出消费者认可的品牌标志。

**（六）品牌标志设计的分类**

具象造型：包括人形、五官、手足、鸟兽鱼贝、花木、建筑物、交通工具、器物、宇宙星象、水火造型等。

几何造型，包括圆形、方形、菱形、三角形、多边形、箭形及方向形。

数字、字母造型：包括阿拉伯数字、中文数字、英文数字及其他文字字母或汉字单字、双字等。

（4）其他综合造型，包括系列标志、组合文字、混合文字等。

**（七）品牌标志设计的发展趋势**

品牌标志设计的发展，主要分为以下三个方面：

第一，体现企业特征及产品形象。这类标志设计以企业和产品特点作为切入点，设计符号总包含着独特的产品信息，因此带给观者的视觉印象一般比较深刻。

第二，体现企业名称。标志设计以企业名称或其内涵意义为创意，这也是最直接、最自然的传播和表现形式。一般都是用中文或英文字母缩写作为元素进行设计。

第三，抽象形态。抽象形态分为三个方面：一是产品的抽象形态；二是企业名称的抽象形态；三是真正的抽象形态。例如台湾味全食品公司是综合型的食品加工厂，产品种类繁多，其标志设计成五个圆圈组成字母"W"的形状，既有五味俱全之意，也适宜于企业名称"味全"的抽象意味。

第四，唯美造型。随着时代发展，标志设计的审美观和设计观也在不断发展变化。品牌标志设计中的唯美造型得到了越来越多人的喜欢。唯美造型的特点是，它同时忽略和淡化了企业名称、内含已经产品的形态特征，用一种受欢迎的或可爱、或唯美、或奇丽的造型为主体进行设计。

## 二、品牌标准字设计

在品牌形象设计中，标准字是最重要的符号之一。它的应用范围非常广，使用频率也非常高，不亚于品牌标志的使用范围和频率。因此，可以说在品牌形象设计中它和品牌标志一样重要。

文字本身所具有的解释说明意义，可以准确传达品牌名称信息，加上一定的艺术修饰性，强化其视觉形象以此提升品牌印象。品牌专用的标准字和普通照排字是有一定区别的。比如，照排字字体及字与字之间的位置关系是设定好的无法改变，而标准字的设计可以根据需求任意组合。品牌标准字是依据企业性质、产品品牌、宣传活动的主题与内容而精心设计制作的，对于字与字间的距离、笔画的配置、线条的粗细、风格的统一，都要做到周密的规划，尤其是文字的配置关系，经过调整应取得完美和谐的整体结构。

品牌标准字是品牌业务性和未来发展趋势在视觉上形象化的展现，经过精心设计的标准字大多简洁洗练，能够快速、准确地传达给受众，也是企业促销产品的重要手段。

### （一）品牌字体设计的概念

字体是文字的外观设计。字体的外观表现有两种：一种是利用工具，如圆规、直尺等描绘得较为整齐、精密的字体，即常见的"美术字"或"印刷体"等；另一种是随手直接书写得较为生动的字体，即"书写体"。

品牌专用标准字体的设计是根据企业、产品的需要，合理运用现有条件，并研究社会需求、人的心理、品牌的特性以及社会结构与趋势，提出人对生产、生活的设想,并把这种设想付诸实际的一种创造性活动。专用标准字体的设计是指为某一企业、某一品牌、某一具体内容服务的,它具有清晰、美感的视觉形象,字体之间结构合理,字形之间的排列有一定规律性,为品牌创造出视觉形象的基本要素,为一系列的应用设计做准备。

**(二)品牌字体设计的特征**

品牌形象发展中的字体指的是,本企业用来表现品牌精神的,经过特殊设计的专用字体。品牌视觉推广中的字体设计不同于宽泛意义上的字体设计,它有着不同的基本特征。品牌字体设计的目的是为了传达品牌精神的,因此字体就有了各种同人一样的表情特征,有快乐的、沉稳的、活力的、轻松的、卡通的、挑逗的、睿智的等,字体设计要根据品牌的定位来选用气质相同的表情特征。因此,字体设计项目的起稿之前一定要先抓住品牌内核。

1. 具有独特的视觉个性

视觉个性的设计要点是,需要带给消费者不同的识别性,以和同质化的品牌做出区分。视觉设计应该遵循易读、易记、易懂的原则来展开设计,尽量简洁明快,避免使用繁杂的图形,从而达到更好的品牌信息传达效果。

2. 兼顾市场的适用程度

品牌传播中字体设计是为品牌的营销和推广服务的,因此,字体设计不仅要有符合美学原理的造型,更重要的是考虑品牌推广的需要及在消费市场的适用程度。

3. 营造品牌的整体美感

品牌字体设计的目的是传达品牌精神,但同时它也代表着一个品牌的对外形象。因此,要充分考虑字体与品牌其他要素的整体和谐,最终使品牌形象符号达到视觉上的一致性,营造品牌形象的整体美感。

以 2008 年北京奥运会的品牌形象推广为例。设计师采用了朱红色的阴刻印章样式的图案,造型尽显浑厚。为了实现元素的整体统一,设计师采用了同样的设计理念,将与奥运会有关的其他元素,如阿拉伯数字、拉丁字母、赛场地点等标识聚合,设计了一套印章式的小标识。如图 3-2 所见,整套标识选择祥云图案为辅助,设计风格和奥运会标志是统一的。这个设计系统被要求严格运用到所有的与北京奥运会视觉形象推广有关的地方，大到会场的整体内部软装修，护栏隔断，小到奥运会的门票、志愿者的名牌、宣传海报、电视转播画面导航等，具有高度的统一性，强调了字体的和谐一致。

图 3-2　北京奥运会项目标识

**4. 字体在不同媒体传播中的呈现**

品牌文字信息需要在不同的媒体传播中呈现，同时搭配标志、吉祥物等品牌其他视觉要素，在推广中形成一套完整视觉形象系统。为了适应各种宣传媒介和特定场合的传播要求，品牌标志中字体的设计需要摒弃精美复杂、识别性较弱的字体，而以简洁、易懂、易记忆的字体为主。对文字进行合理的组合设计，使文字更具品牌传播的意义，以达到在不同的环境中品牌视觉推广的目的。

例如，英国的《泰晤士报》（The Times）网站整体改版升级的时候，对网站整体风格进行了大刀阔斧的视觉改革。最醒目的，就是改变了网站整体的文字风格和编排设计。新的网站设计，将印刷报纸的样式电子化，将报头、大幅标题按照纸质报纸中的排版风格整体搬移到电子版页面，整个网页是采用了分栏式设计。在字体设计上，网站的正文部分舍弃了一脉相承的 Times New Roman 字体，而使用了现今新闻网站首选的 Georgia 字体，附属字体选择的是 Arialo。之所以这样做，是为了迎合读者的网络阅读感受。经典的衬线字体 Times New Roman 虽然习惯用在报纸印刷中，但因为其衬线细节复杂，并不适合屏幕阅读。因此，改版后的网站大胆采用了新的无衬线字体 Arial，新字体显示在屏幕上圆滑清新，更加易于识别。

### （三）品牌字体设计的意义

品牌形象设计是企业品牌推广的基础，品牌形象设计中字体设计又是其核心要素之一。因此，在品牌形象设计维度下，展开品牌字体设计的研究是非常有意义的。

#### 1. 完善整体视觉形象

品牌差异化战略的一个重要方面就是字体设计的差异化。字体设计不但要与品牌内涵、品牌标志元素相一致，更重要的是，在品牌林立的今天要与其他品牌标志字体相区别，让消费者能够轻易区别并记忆。既能够通过统一有规划的字体系统，做到和自己品牌构成完整的企业视觉形象，又能够实现和同类品牌的差异化。

#### 2. 提升品牌价值内涵

字体设计是品牌视觉形象符号化的重要表现方式之一。它一般按照视觉设计规律，对文字加以整体精心安排，既能体现自己美感，又能传情达意。例如，汉字的字体设计，通过对文字内涵的挖掘及它本身特有的造字特点，参考品牌其他视觉元素进行在设计之后，可以更为准确有效地将企业信息传达给消费者。经过设计的汉字，不再仅仅是表音表意符号，更包含了丰富的品牌文化信息，完善了品牌视觉形象，设计的字体给人以赏心悦目的美感，增强了品牌视觉传达效果。优秀的字体设计，可以通过文字的表意功能传达品牌名称和性质，设计师通过设计规律用艺术的装饰设计手法，可以丰富品牌文化内涵，强化品牌内在气质及视觉形象，提升品牌价值。

#### 3. 增进消费者购买欲

品牌字体设计是为品牌形象服务的，属于品牌形象要素的一部分。它的目的是为了给消费者传达特定的产品信息，使品牌得到有效推广，属于品牌营销的范畴。因此，所有的设计手段最终还是要回归到销售数据上来。做好品牌字体设计，在"货架战争"中紧紧抓住消费者的眼球，是品牌形象设计的责任所在。

品牌字体设计需要传达品牌的个性基因和内涵。通过文字的图形化特征表达品牌精神，"恰当准确"是一个很重要的标准。字体设计的目的是为品牌服务的，所以，字体设计不需要炫耀设计技术，不需要抓人眼球的奇巧，能恰当体现品牌精神的字体就是最好的设计。例如，可口可乐字体中飘动的线条，简单灵动，早已植入消费者的内心。另外，随着时代的发展，消费者的审美情趣也在发生着改变，对品牌字体设计有了新的要求，那就是通过品牌字体设计来提升品牌的品位和档次。字体设计应该积极主动地面对审美的改变，将当下社会审美和品牌结合起来，最好有一些前瞻性的变革和创新，引导消费者审美趋向，通过改变引起消费者对该品牌的追随，刺激购买欲。例如，玉兰油品牌升级后的品牌字体线条更加柔和，柔中带刚，提升了产品精致感和形象定位。

近年来众多品牌热衷于视觉形象的升级改造，来满足新市场竞争阶段销售需求。

### （四）品牌字体的设计分类

1. 书法标准字体设计

在我国，兼具艺术性与实用性为一体的书法可以说是我国汉字表现艺术的主要形式。许多政坛重要人物、社会名流以及书法家的题字都被企业作为品牌名称或品牌标准字体使用。

书法字体是相对于印刷字体来说的，主要可以分为两种设计形式：一种是对名人的题字进行调整编排；另一种是对书法体或者说是装饰性的书法体进行设计。后者是介于书法与描绘之间的一种以书法技巧为基础设计的字体，更能突出视觉效果。

2. 装饰标准字体设计

装饰字体是在基本字形的基础上进行装饰性的变化加工而成，摆脱了印刷字体的常规性与束缚，可以根据企业的经营特性需要而进行设计，从而达到增强感染力的效果。

装饰字体虽然在设计上可以随意操控，但是不能偏离两个概念：第一是识别性，要注意保留字体最基本的性能，便于信息传播；第二是准确性，装饰字体的设计离不开产品属性和企业经营性质，在进行字体设计时要注意体现出与企业相关联的信息特性，丰富企业内涵。

3. 英文标准字体设计

为了方便与世界接轨，更好地参与国际市场竞争，企业一般都会使用中、英文两种文字来设计企业名称和品牌标准字体。

英文字体的设计也包括书法体与装饰体两种，这与中文汉字的设计如出一辙。相对于装饰体来说，书法体由于其识别性差的缺点，应用并不十分广泛，而装饰体则有着更为广泛的应用范围。

英文字体根据形态和设计表现手法，一般可以分为四类：一是字形由几乎相等的线条构成的等线体；二是活泼跳跃、风格特征明显的书法体；三是对字体经过装饰设计的装饰体，它富于变化，能达到引人注目的艺术效果；四是具有摄影特技的光学体。

在标准字的设计上，随着表现技法的多样性发展，有一些标准字体是介于书法体和装饰体之间的设计，也有对已有字体的变形处理，如笔画性的变化可更改局部笔画造型，又可与图形结合进行具象性的变化，更可进行装饰性的处理。

### （五）品牌字体设计的原则

1. 识别性原则

标准字体是经过调研和创新后重新设计的，象征着企业的性格。

与普通印刷体相比，标准字体具有独特的设计风格，强调差异与个性。但设计者稍不注意，便容易在标准字体设计的时候太过于强调差异性，而忽视了字体本身的阅读识别性，所以在设计中要注意字体设计后的清晰易懂、简洁明了，不能为了设计的个性而忽略最基本的原则。

2. 协调性原则

品牌标准字主要是根据品牌理念、目标等内容进行的设计，因此对于字距、笔画的整体感觉要求十分严格。在设计标准字时，应在不断修正的前提下，取得空间的平衡和协调，以实现最优的审美效果。

设计师在设计品牌字体时，需要深入解读品牌内涵，还要考虑字体与品牌标志等元素的协调一致。设计时要充分考虑字体的系统性和延展性，考虑其在各种媒体上的表现效果，及在各种材料上的制作效果。

3. 易读性原则

易读性是品牌标准字设计的前提，字体设计要点到为止，不宜过分修饰。标准字的字体笔画、结构法则要严格依照国家颁布的汉字简化标准，力求准确规范。

最终的设计效果要便于受众瞬间识别，不能造成阅读障碍。

**4. 延展性原则**

设计师应充分考虑到，随着时代变化和企业规模的不断壮大，标准字有可能要在原有基础上进行修改变化，以达到与时俱进的目的。

**（六）品牌字体设计的要点**

文字的选择要有明确的表意性，可清晰地将品牌名称、内涵、诉求等传达给消费者。

设计品牌名称时，可根据场合不同而使用全称或者简称。

设计字体时，需要对文字内容进行恰如其分的理解，再用最恰当的方式进行字体的艺术处理。结构上尽量清晰简化，既要富于装饰感又便于识读。

设计字体时，要充分考虑要和品牌其他元素做到在颜色、结构等方面的协调统一。

要注意文字笔画粗细、距离、结构分布，做到整体效果明晰。

设计过程中，要充分考虑字体的系统性和延展性。考虑不同的媒体、不同制作材料上、不同大小的物体上字体的适应性。

## 三、品牌色彩设计

**（一）品牌标准色概述**

**1. 品牌标准色定义**

品牌专用色彩也称作标准色，也叫"公司色"或"品牌色"，是指品牌将指定或配置设定某一特定的色彩，甚至一组色彩，作为统一的品牌标准色彩运用到品牌形象设计中。通过色彩的表意和消费者对色彩的心理反应，传达产品特色和品牌理念。

标准色是品牌的专属色彩，也是品牌设计中最重要的元素之一。标准色在品牌整体设计系统中有着非常鲜明的识别效应，在品牌营销战略中有着举足轻重的地位。

在品牌推广中，色彩之所以扮演着重要角色，主要是因为色彩能够通过视觉刺激，引发受众一系列生理和心理效应。例如，红色能使人生理上脉搏加快、血压上升，心理上给人以温暖、希望的感觉。另外，色彩也代表着某种性格，红色代表热情、蓝色象征宁静、黄色代表活泼等。正是因为色彩所具有的这种生理、心理、性格上的特征，人们看到色彩，就会自然产生各种抽象的情感。标准色在品牌中的使用，就是依靠这种微妙的色彩力量来确立企业、品牌或商品的形象。标准色同标准字一样是品牌形象战略中的核心要素，也是品牌经营战略中的有力工具。

2. 品牌标准色的特征

品牌标准色是品牌形象中十分重要的元素，代表着品牌的理念。标准色一旦确定是不会轻易改变的，它会在品牌标志、品牌标准字等基本视觉要素中统一使用，形成一个完整的视觉系统。

### （二）品牌标准色设计分类

现代品牌形象设计中对于色彩的选择是非常慎重的，企业通常会为不同的产品设计不同的色彩方案。色彩设计之所以如此受重视，是因为好的色彩设计可以持续增加产品的价值。

1. 单色设计

单色设计的优点是，会使整个形象系统更具整体性。单色设计能够突出主体，使表意更加明确，避免整个设计画面过于凌乱的问题。相对来说，单色的视觉冲击力会更强，更能深入、准确地传达出形象的内涵。但与此同时，过于单调的颜色，也会让整个画面陷入呆板的印象里，可能会令消费者产生视觉疲劳和心理上的乏味。因此，我们在用单色做设计时要考虑三个方面的问题：首先，颜色设计之前需要了解品牌信息、产品的属性，以便确定应该选用的色相和色温；其次，要了解品牌的定位及目标消费群体，以此为根据选择目标群体色彩；最后，颜色的设计也需要有高度的识别度，还要给消费者以舒适的视觉和心理体验。

2. 协调色的设计

协调色的好处是会让人觉得过渡自然，颜色上连续性和延续性的特点，会让整体的质感更柔和，让人在心理上产生赏心悦目的感受。同时，利用协调色进行设计，色彩的搭配会有很多的可能。协调色的色彩搭配遵循两种原则：一种是同色搭配原则，利用同一种颜色中明暗、深浅的不同进行搭配；另一种是金色搭配原则，利用比较接近的颜色进行搭配，例如，红色或橙色相配，黄色和草绿色或橙黄色相配等。在实际设计中，协调色的设计常用于化妆品和洗涤用品。在运用协调色时要注意两点：第一，怎样设计纯度与明度；第二，注意把握好协调色之间颜色的对比，这样会让颜色看起来更加有档次。

3. 对比色的设计

对比色的优势是，能够给人的感官留下强烈的色彩冲击，给人留下活泼、灵动、鲜明的视觉印象。对比色的搭配可以有两种方式：一种是两种相隔较远的颜色搭配，这种配色比较强烈，如绿色和灰色，黄色和玫红色等；另一种是两个相对的颜色搭配，也叫补色配合，他们之间能形成鲜明的对比，如黑白搭配、红绿搭配等。在对比色设计中要注意，不要为了达到某种目的而去选择强烈的色彩，而是要把握好品牌设计的主体，让整体设计更有内涵。另外，要确定好品牌色彩的主基调，在符合品牌和产品特征的前提下，谨慎运用对比色。

（三）品牌标准色设定原则

1. 注重品牌形象和品质

标准色是品牌形象设计的造型元素之一，和其他设计元素一样是为体现品牌形象和产品特质服务的。标准色是品牌最独特也是最基本的视觉形象，如百事可乐公司，通过醒目的红白蓝色设计，将自己的品牌理念和别的企业进行区别。色彩设计的另一个功能，是传达品牌理念，树立产品的形象。通过色彩元素和品牌理念的完美融合，色彩设计可以作为一种品牌战略来提高品牌的号召力，使企业最大限度地提高认知度，获得市场青睐，收获大批追随者以达到期望销售额。

2. 注重市场因素和消费者感受

品牌的产生和发展，是市场经济和市场竞争双重作用的结果。随着市场经济的变化，品牌趋于同质化，同类产品的竞争趋于激烈的态势，给品牌增加了不小的压力。因此也给企业带来新的要求，企业应面对市场变化，制订可行性强的品牌营销计划以此来应对千变万化的市场竞争。消费者是市场竞争的主体，因此，制订营销计划需要了解消费者需求，迎合消费者的喜爱和感受。许多知名品牌通过各种途径的营销已经积累了一大批品牌消费群体及潜在消费群体，但是当品牌销售量积累到一定程度,如果不创新品牌形象推广及改变销售策略,也会使消费者产生审美疲劳。

所以,在品牌推广时,可以通过适当改变产品的色彩和造型带给消费者耳目一新的感觉。例如,每年推出新产品时,可对新产品形象设计进行创新,并将新品的形象作重点宣传,通过一定方式耐心向消费者传达新品设计所体现的新的产品理念和内涵。

我们在做标准色色彩搭配的时候,需要考虑消费者的心理需求。不同的消费者对色彩的感受和需求是不一样的。消费者对色彩的需求,可以从以下两方面考虑:第一,消费者性别和年龄因素。不同性别和年龄阶段对色彩的搭配喜好是不一样的,设计时要充分了解目标消费人群喜好。例如,女性喜好偏向温和、明快的暖色调;男性则偏向选择中性色调或者冷色调。从年龄上,年轻人喜好活泼鲜明的颜色;中老年人更偏向于沉稳、庄重的色彩;如果是儿童消费者,则需要用鲜艳明快的色彩来吸引他们。第二,已经形成固定观念的产品色因素。例如,在消费者心中,化妆品的颜色偏女性喜爱的粉色、嫩绿等柔和的颜色;科技产品颜色一般选择蓝色;食品一般采用橙色、黄色等能引起人食欲的颜色表达。

3. 注重流行趋势和功能性因素

现代社会信息传播速度加快,人们对于对流行色接受起来更容易。特别是信息发达消费水平较高的地区,品牌借助流行色进行宣传能起到事半功倍的效果。

产品在市场中的宣传推广标准色是一个重要元素。流行色对某些行业的影响比较大,例如服装、配饰、内饰装饰、家具等行业。流行色背后的原因来自消费者追求潮流和新奇产品的心理需求。因此,紧紧抓住色彩的流行趋势,不仅可以对产品进行创新,而且能够满足消费者心理需求。也就是说,在当今市场,抓住流行色就可以提升产品附加值,使产品能够获得更多消费者的喜爱,提升产品的市场占有率,为企业带来更多的利润。例如,瑞典的IKEA(宜家)家居就非常注重对流行色的使用,每一季新品的推出,消费者都能轻易找到自己喜欢的家居配色。

进行色彩设计时应该考虑的另一个关键因素是色彩的功能性因素。色彩的功能性因素表现在不同的环境、不同的产品对色彩的需求是不同的。其中包含了人对色彩的心理需求。例如，餐厅中一般会选择橙色为标准色，是为了让客人更有食欲。装修书房时，一般选用中性色，中性色比较沉稳不会分散注意力，更有助于集中精力工作和学习。IKEA（宜家）在儿童房间的色彩搭配上，女孩房间采用柔和的粉色或浅紫色等，男孩房间则多数用蓝色搭配。可以看出，色彩设计和环境功能是紧密相连的，同时，消费群体不一样颜色的搭配也有所不同。

### （四）品牌标准色的意义

#### 1. 传播意义

创造性地开发和运用品牌标准色及其组合，可以强化品牌形象的吸引力和传播力，而且会极大地加强品牌生产经营、运行实态、行为方式的约束力，实现形象化的管理。

#### 2. 识别意义

在品牌传播中，消费者对色彩的感知和联想赋予了它一定的品牌意义。色彩成为信息传播中强有力的符号和传播元素之一。品牌标准色设定的意义，就是希望能够通过色彩对视觉的冲击和对消费者的心理暗示，将品牌形成植入消费者心中，使色彩也能成为品牌传播强有力的工具。

### （五）品牌标准色设定要点

"品牌"竞争白热化的今天，对品牌形象"个性化"的强调成为品牌推广的共识。严谨的品牌标准色设定已经成为品牌必不可少的竞争力。关于标准色在品牌推广中的作用，可以说没有标准色，就不会有完整的视觉系统，消费者也就不可能形成对该品牌的记忆。设定品牌的标准色应注意以下几点：

（1）选择能表达品牌理念或产品特性的关键词，根据品牌理念或产品的内容特质，选择适合表现其突出概念和关键语的色彩。

（2）为扩大品牌之间的差异性，选择较为醒目、与众不同的色彩，以期达到品牌识别、品牌突出的目的。

（3）色彩在传播媒体的运用非常广泛且涉及各种材料、技术等因素，为了能使品牌的标准色准确再现后方便管理，尽量选择印刷技术、分色制版合理的色彩，使之达到统一化。

### （六）品牌标准色的开发程序

品牌标准色的确定是建立在品牌推广整体策略之下的。其开发程序大致可以分为以下几个阶段：

1. 品牌色彩调查阶段

调查分析和本品牌一样的竞品，寻找和其他竞品之间标准色使用方面的不同之处。品牌的商品色彩和市场、消费者评价主要包括以下方面：

（1）收集相关资料。

（2）品牌现有色彩使用情况分析。

（3）对品牌现有色彩的认识形象分析。

（4）竞争品牌色彩使用情况分析。

（5）公众对竞争品牌色彩的认知形象。

2. 表现概念阶段

色彩调查分析完成后，根据调查结果结合品牌推广目标来设定品牌表现概念，塑造品牌形象，确定品牌标准色概念关键词。

（1）关于品牌理念方面的关键词，如技术领先、创造力、信用与责任等。

（2）关于品牌形象的关键词，如有信赖感、有实力的、一流的、有发展性、有未来性、合乎时代潮流、国际标准化等。

（3）关于品牌风格的关键词，如开放的、温和的、活泼的等。

3. 色彩形象定位阶段

本阶段是依据色彩形象尺度将品牌形象的概念与色彩形象作合理客观的定位，可分以下几个步骤进行：

（1）分析收集资料，纳入系统。

（2）归纳形象概念，给予形态分类。

（3）对照语言形象与色彩形象，看是否吻合。

4. 效果测试阶段

本阶段是根据选定的色彩样本进行心理性、生理性和物理性的调查与测试，以确定色彩样本是否表现出品牌的形象概念。

（1）色彩具象、抽象的联想及嗜好等心理性的调查作业。

（2）色彩明视度、记忆度、注目性等心理的效果测试。

5. 监督管理阶段

本阶段主要是选取色彩的效果，以便统一化与正确化地使用，建立标准化的色彩计划，其实施细节分别如下：

（1）对设计的色彩进行审查。

（2）印刷品打样色彩评估。

（3）产品模型色彩评估。

（4）资料收集、整理，回到管理系统。

### 四、品牌辅助图形设计

#### （一）辅助图形的概念

辅助图形也可以称为象征图形，它能够起到增加标志实际应用面，丰富整体内容的作用。既然是辅助图形，顾名思义它是为配合标志、标准字体等出现的，属于辅助性要素，拓展和延伸了品牌标志的含义。它与标志主体是一体的，共同构成了品牌标志的内涵和形象。

#### （二）辅助图形的意义

1. 弥补基本要素设计运用的不足

标志与标准字体的组合使用，大多采用的是比较完整的表现形式，突出企业的权威性。然而在实际应用中，完整的表现形式并不能够适用于所有情况，常常需要富有弹性的符号来进行适度的调整和应用。辅助图形这时就起到了弥补基本要素设计运用不足的功能。

2. 强化要素组合的视觉冲击力

一般来说，若标志在应用要素上的使用太过于单一，视觉点就会比较集中，辅助图形的应用则可以加强视觉冲击力，在大面积区域中突出系统的视觉感受，强化视觉效果。

3. 使设计要素的适应性更强

利用辅助图形中的图形符号，协调与其他视觉要素在一起使用时的效果，能增强设计要素在应用中的适应性,使所有的设计要素更加具有设计表现力。

4. 使企业形象的丰富度得到扩展

辅助图形是活跃企业形象的重要视觉要素,根据不同的载体和环境对其进行灵活地应用,能够扩展企业形象的丰富程度。

### (三) 品牌辅助图形设计的原则

1. 识别性原则

根据品牌标志图形的基本特点,品牌辅助图形作为它的辅助要素,同样需要有自己独特的风格以及强烈的识别特征,使辅助图形在单独使用时也能够独立传达品牌性质和产品的重要特征。识别性是品牌辅助图形设计的基本原则之一。

2. 造型性原则

辅助图形的形态要美,依据图形设计的形式美法则,去创造优美生动的图形,用以美化总体视觉形态。

3. 灵活性原则

辅助图形作为比较灵活的视觉要素,须适用于各种传媒的视觉需要,其本身要能进行多种变异;并在采用各种工艺加工制作时,能始终保持统一的形象。

4. 统一性原则

由于品牌辅助图形是为了辅助主体(如标志、标准字、标准色等)的视觉要素,因此,品牌辅助图形要和主要视觉要素相统一,不能因一味地追求美观而忽视整体统一性。

### (四) 辅助图形的表现形式

辅助图形一般都是围绕形象塑造的核心理念来进行开发的富有弹性和张力的识别性符号,以点、线、面等基本单位为主要设计元素进行设计延伸,具有高度的适用性。

辅助图形有三种图案表现形式:一是重复使用品牌标志;二是取出品牌标志的一部分进行运用;三是扩大品牌标志的解释范围展开的图案形式。

1. 品牌标志重复使用

将品牌标志按照一定的规律进行拆分,拆分后再排列时利用骨骼线进行元素的再表现。骨骼线可以有各种形式,如垂直交叉、斜点交叉,基本型可以放置在交叉点上，也可以放置在骨骼中位置。可以排列成四边形或者六边形结构。这样一种排列方式，能够使图形骨骼明晰、空间舒展，形成有节奏、有规律的新图形。也可以使用网状骨架，利用图形的大小、色彩等做深度的空间变化。日本的"大荣百货""LIVEDO"，中国的"中国联通""海泰控股"等，都采用这样的编排构成形式，这样的排列方法适用范围广泛又灵活。在具体应用时，品牌图案还可以独立的形式使用在信封的开口处、包装上，甚至在建筑物表面等处。

2. 取品牌标志中的一部分

选取品牌标志图形中最有特点、最有代表性的部分作为品牌图案，这一类的品牌图案特点集中，往往作为强化设计深度的一部分配合标志使用。确定这样的品牌图案的前提是，标志图形的要素要具有可提炼性。这就要求品牌标志的组合方式、基本构造元素是相互独立又统一的，只有这样才能从中提炼出相对独立又能单独表现品牌基本特征的图形。

在使用上，通常会根据使用场景不同，按照不同的比例放大或者缩小使用。由于新开发的品牌标志拥有较高的完整度和形式美，所以也可以把图案紧靠画面的边缘线做处理，在整个版面中使用。

3. 扩大标志的解释范围

扩大品牌标志的解释范围所展开的图案形式，是为了使标志的基本元素在项目中应用更加灵活。"双鹰品牌"的图案采用在正圆形局部的上部，平行一条由细到粗、呈20°夹角的抬头弧线，并用扫笔的飞白体现速度感的造型，象征"双鹰品牌"技术与世界同步，不断前进、永不止息的企业精神。这样图案造型虽然与品牌标志没有直接联系，但却是品牌理念和目标的反映，是标志和其他基本视觉要素的意念体现和延伸。

## 五、品牌吉祥物设计

### （一）吉祥物的概念

吉祥物是指动物、植物或者是人物的卡通造型，具有拟人化的象征意义。吉祥物的形象一般是为强调品牌性格，配合品牌推广要求而确定的。它是品牌的代表，以或富有动感，或憨态可掬的外形吸引消费者注意，使品牌形象在消费者心目中更亲切，拉近了与消费者的距离。特别是在现今的运动会、博览会和各类比赛项目中，都有吉祥物的身影。

在品牌形象诸多要素中，品牌吉祥物是最富有特色的元素。它往往以漫画的形式出现，富有地方特色，生动传神，是有很高的纪念意义和商业价值。

和品牌标志图形一样，吉祥物也是品牌形象的代表。它与标志的不同之处在于，吉祥物是现实生活中常见的，可以找到原型的，普遍被人们喜爱的动植物，或者是神话传说中的人物和动物。在品牌营销过程中，它可以被做成具体实物，如工艺品、雕塑等出现在店铺中。一家品牌或店铺在有了店徽、店标之后，还应当设计一个吉祥物，这样能提高其品牌或店铺的知名度。

常见的吉祥物有"寿星"（用于中药店）、鹤鹿（用于中药店）、熊猫（用于儿童商店）等。

吉祥物的选择要符合人们地方传统，选择符合社会群体审美需求的事物。例如，慕尼黑国际书籍展览中以猫头鹰作为吉祥物，猫头鹰在欧洲是智慧的象征，但在中国它是一种不祥的象征，因此不能在中国作为吉祥物使用。又如乌龟，在日本是长寿和有福的象征，也常常被当作吉祥物形象，但在中国，认为是不受欢迎的动物，很少将它作为吉祥物。

选择吉祥物，除了吉祥的含义以外，最好还要与商店或品牌的性质、店名含义等方面巧妙地联系起来。例如 Victory Hill 溜冰场用企鹅作为吉祥物，有南极的寒冷寓意，十分恰当；又如 Kamimoto 饮料商店，用希腊神话中的酒神形象作为吉祥物，以及中国传统的老药铺以寿星作为吉祥物，都是非常好的典范。

### （二）吉祥物的功能

1. 强化功能

吉祥物是企业在市场竞争形势下的形象演化，通过各种设计形式和设计手法，利用生动的形象宣传企业的理念、目标，强化消费者的理解和记忆，给消费者留下美好的印象。

### 2. 延展功能

吉祥物作为企业及产品代表性或象征性的角色形象，在适当的时候能够补充企业标志的含义、延展企业文化的内涵，有利于企业形象个性化的确立。

### （三）品牌吉祥物的设计题材

#### 1. 人物类

以人物为原型的吉祥物，拥有自然的亲和力，容易使人产生好感，选择以人物为表现载体的吉祥物有很多，如海尔兄弟、麦当劳叔叔举止可以不受人类习惯动作的制约，在设计上可以更加夸张。

#### 2. 动物类

以动物为原型的吉祥物也有很多。如，广州亚运会的吉祥物"祥和如意乐洋洋"，就是以广州五羊雕塑为原型；2010年南非世界杯吉祥物"扎库米"，是以豹为原型；还有北京残奥会的吉祥物"福牛乐乐"等。（如图3-3和图3-5所示）

图3-3　吉祥如意乐洋洋 　　　　图3-4　扎库米

图3-5　福牛乐乐

#### 3. 植物类

以植物为原型的吉祥物给人以自然感和清新感。不同形态和种类的植物也有

着不同的寓意，如牡丹的华贵、竹子的高风亮节等。我们可以据此找到与企业精神相吻合的植物作为吉祥物。例如，山城重庆举办的第八届园博会，吉祥物取名"山娃"（图3-6），以"山""芽"为设计理念；第二届中国绿化博览会吉祥物名为"绿童"（图3-7），是对郑州市市树法桐树叶作拟人化处理而成的；广州2010年亚洲残疾人运动会吉祥物"芬芬"（图3-8），是一朵绽放的木棉花等。

图3-6　山娃　　　　图3-7　绿童

图3-8　芬芬

4. 企业产品造型类

以企业产品的形态、结构、材质为造型元素，通过夸张、修饰、强化等手法将其卡通化，使消费者对企业产品有一个更加形象化和深入的了解。这类吉祥物常见的有法国米其林轮胎人"必比登"（Bibendum）、中国种子公司的植物种子等。

（四）吉祥物造型设计的特点

1. 表意性

相对于抽象的标志、标准字而言，因为企业吉祥物是以具象的图形来对企业或者产品特征进行表现的，所以更简洁明了、易于识别，使人印象深刻。

2. 趣味性

吉祥物最大的特点在于其是可爱的、活泼的、滑稽的、幽默的。因此对吉祥物的形象进行创造时，应使其具备拟人化的特点和更富有人性化的情趣，以此更好地拉近消费者与企业的距离。

说到米老鼠和唐老鸭，每个人一定都不会感到陌生，而迪士尼便是通过赋予这两个卡通形象以人性化与趣味性的特点，使得它们大受欢迎。其各异的造型、生动有趣的动作，将滑稽与智慧完美地结合了起来，时常引得人们捧腹大笑，使人们深深地被它们吸引。

3. 象征性

自古以来，人们对喜庆、吉祥事物的喜爱从未消退，而企业吉祥物便是通过图案的形式，将人们对福气、喜庆、吉祥的追求隐含其中。象征手法比语言有着更好的表现力，对于那些含蓄、细微的思想感情，可以更有力地进行传达。例如，京东商城的吉祥物是一个可爱的小狗形象。小狗代表着忠诚，给人以诚信、愉快的印象。寓意着在京东商城能够给客户带来轻松、省心、放心和快乐的购物体验。使企业理念与产品特质得到了更好的表现，企业形象也得以优化。

企业标志与标准字在品牌形象设计中有着较为严格的规范化要求，这就制约了其自由发挥的空间，而吉祥物不同，它拥有更强的可塑性。在确定其基本造型时，它的动作、表情、形态可以根据不同的场合、不同的情境而发生不同的变化，具有极强的灵活性，可以使企业形象得到更丰富的表现。

（五）吉祥物设计的要求

对吉祥物的选择和设计应当从顾客心理、民俗文化和流行时尚等角度来考虑，要能吸引公众的注意力，使人在心理上产生舒适感。在具体做法上，可以先拟选几种不同的对象，在一定范围内向消费者发布，进行心理测试和评议，最后确定一种。选择和设计吉祥物时应注意：被选定的吉祥物应能准确地象征并提示本商场、品牌、企业、单位或集团的特点与意向；能够传达出本品牌、店铺、企业、单位或集团的优势、信誉；吉祥物的图形形象比标志更为复杂，应考虑适应各种材料和各种生产工艺的要求，并应尽量做到优美、生动、富有情趣，使大众喜爱和产生共鸣。同时，应当避免使用不健康的内容和形象，以免产生不良影响。

### （六）吉祥物图形的系列化应用

一个企业，一个品牌，一旦确定了自己的吉祥物图形，应尽量利用一切机会向公众展示。例如，可在自己的建筑物上安装使用并配以霓虹灯，以保证夜间的展示效果。除此之外，凡与外界联系的各种媒介都应尽可能做出标示，使一切视觉传达媒介和渠道都在传达同一个图形，充分发挥出整体、系列化宣传的强大作用。久而久之，吉祥物图形便会在公众心目中有效地树立企业形象。在国际上，像可口可乐、柯达等著名产品皆以系列化的应用标志、标准字、标准色以及吉祥物而深入人心，从而赢得广泛的信赖与欢迎。

吉祥物不但可以在商店、宾馆等建筑上应用，而且在一切服务性、文化性活动场所都可以应用。例如，海洋公园用一对海马的形象作为公园的吉祥物，无论门票、导游图、各种娱乐设施、园内建筑物，还是工作人员的制服、帽徽，乃至公园专用的交通运输工具，都印有吉祥物图形，十分引人注目，又有整体系列感。此外，星级宾馆的吉祥物图形亦是广泛使用在各种媒介上，像信笺、纪念册等办公用品，香皂、火柴、洗发液、牙刷等一次性用品，被褥、地毯、毛巾、浴巾以及餐具、菜具、车辆、制服、胸饰上等都印有吉祥物图形，对来往的客人产生整体的宣传效果，使顾客对宾馆的设施与服务产生依赖感和亲切感。另外，还有许多物品属赠送品，客人在离开的时候可以携带在身边，在以后的旅行中，它们仍然在进行着美好的宣传。

由于吉祥物有着如此重要的作用，现代大型酒店、企业、品牌、宾馆，乃至展览会、运动会，都十分重视吉祥物的设计及其系列化应用。总之，吉祥物图形使用范围越大，重复出现的次数越多，接受宣传的受众人数越多，对于扩大品牌的影响力和知名度就越有利，给公众的印象也越深刻。

总之，吉祥物的设计与应用是现代企业、品牌、商店在经营活动中一项有力的促销手段。目前，我国公众已开始认识到它的价值，如，在广州举行的第六届全国运动会上，设计了以山羊形象为原型的吉祥物来象征羊城；在济南举行的全国首届城市运动会上，设计了以苹果形象为原型的吉祥物来象征山东大苹果，均受到人们的欢迎和喜爱。

随着市场经济的进一步发展，推销艺术成为企业家十分重视的课题。不少有远见的企业家开始认识到，吉祥物在与消费者沟通感情、建立信任方面具有其他推销手段所不具备的功效。

## 第二节 品牌形象要素的应用设计

品牌形象要素的应用设计是对品牌基本要素针对不同媒体的推广做出的具体规定。品牌形象在最终确定了品牌标志、品牌标准色、品牌标准字之后，就需要开发不同的应用项目。品牌形象要素的应用一般包括办公事务系统、品牌环境、交通运输、服饰类等。

### 一、办公用品系统设计

办公用品作为品牌传达媒体，具有应用范围广、传播频率高、作用时间持久的特点，几乎是所有品牌不可或缺的传播途径。办公用品作为传播途径，既有实用功能，又有视觉推广功能。

设计规范、科学的品牌办公用品，能够形成优良的品牌风格的同时，还直接影响着员工心理。它能够带给员工整齐、有条理、正规的意识，潜移默化地提高员工的企业责任感和荣誉感，培养员工的自尊心和自信心，给员工带来良好的精神状态，从而提高工作效率。

#### （一）办公用品系统设计要素

1. 名片

名片尺寸很小，必须确保品牌标志和品牌名称醒目，且须考虑让受众看清姓名与职业。

2. 信封

信封的设计的重点是根据书写形式来确定署名的表示方法，确定品牌标志要素的位置、尺寸等。在信封设计中，尤其应注意的是遵循邮政法规。尺寸、重量、署名、空间划分与颜色所占比例等提前与邮局联络，收集有关资料。

3. 信笺

信笺分为函笺和便笺，在信笺上要表示出品牌标志和品牌的名称等要素。

对于使用一页的信笺，品牌要素设计要全面；对于使用两页以上的信笺，品牌要素要简单化。设计英文信笺时，必须研究品牌标志、品牌名称等的标识位置。

4. 其他纸类办公用品

根据品类的不同，纸类办公用品的设计要求也不同。但是，设计要素基本相同，包括品牌标志、品牌名称、标准字、联系地址以及电话、邮政编码。最后需要根据办公用途不同加上不同的名称，如请柬、报价单、预算书等。

**（二）办公用品系统设计要点**

（1）除名片之外，纸品类办公用品的设计中需要考虑其实用功能，特别要注意空间的布局，需要留出大部分空白书写文字内容，传达信息。因此一定要留出有效的空间，方便作为办公用品使用。在设计时应注意将品牌基本的元素放到整个版面的边缘处，并运用别致的构图设计方式，处理好空白和文字的关系，使整个版面美观整洁又能突出品牌元素。

（2）关于色彩的设计，办公用品也要以品牌标准色为基础配色。在纸品的选择上，根据办公用品的性质和用途，选择合适的办公用纸。一般应选择与品牌风格相符的纸品，不能由于成本原因而因小失大。

（3）办公用品设计时，品牌信息的添加，如地质、电话等也要注意设计时的字体、色彩等和品牌整体风格保持统一。

办公用品过去被冷遇，被认为不如广告传播率高。在品牌战略中，它成为视觉传达体系中重要的一环，得到了企业家们的关注。作为与人们日常办公密切相关的用品，除去它的实用功效外，它还是视觉识别的传播媒介，所以要高度重视办公用品系统设计，设计出一批格调清新、与时代匹配的办公用纸品，使品牌的形象在纸品的设计中发挥其独特的作用。

## 二、服装系统设计

服装系统的设计主要是指品牌统一员工制服的设计。员工制服是品牌推广的内容之一，统一的制服一方面是品牌形象宣传，对外传达品牌的名称、内涵等信息；另一方面也是体现品牌形象和员工风貌的重要手段。员工制服的设计并不是单一的，它根据员工的岗位特点，工作性质不同可以设计成不同的服装样式。

在设计制服时，需要先确定服装设计的对象，其次要根据穿着对象确定服装的实用功能，还要根据岗位确定服装设计中使用哪些品牌要素。作为设计系统的开发对象，制服包括事务用、接待用、工作用等服装种类以及帽子、臂徽、徽章等。

### （一）设计开发服装要求

设计开发这些服装时，对于服装种类的形象和功能等方面的要求如下：

1. 形象依据

其一，反映职业类型；其二，使品牌更具识别性和优越性；其三，能跨越穿着者的年龄层；其四，富有时代气息；其五，与环境相吻合；其六，与品牌形象相协调。

2. 技能依据

其一，便于活动，穿着舒适；其二，安全、卫生、健康；其三，没有材料、缝制等方面的问题；其四，清洗简单方便；其五，经济实惠。

制服的开发设计，目前已有专门的服装设计师或公司负责，特别是近年来盛行委托著名时装设计师进行设计。在这种情况下，设计师应准确地传达出设计的概念和设计依据，使品牌制服的设计纳入整体的设计系统。

人的因素是员工制服设计开发的首要因素，不同的工作性质和岗位，其制服应有所区别。如是商业性或服务性企业，工作岗位更是多种多样。以宾馆、酒店为例，其工作岗位有接待生、总台服务员、客房服务员、餐厅服务员等，餐厅中又分中餐、西餐自助餐及咖啡厅等，而每个部门又分一般员工和领班，所以人的因素是制服开发设计的基础因素。除岗位、职务因素外，还要考虑性别因素、季节因素等。

色彩也是企业制服设计开发的重要的形象因素，与造型和质地一样，色彩具有一定的象征性，所以在设计员工制服色彩时不仅要区别不同岗位的特点，而且要在品牌视觉传播这个大的前提之下做到统一。

（二）设计开发服装原则

企业制服的设计开发是整体品牌应用系统设计的一部分，应遵循以下几个原则：

1. 识别性原则

制服设计要符合品牌总体风格，不与其他品牌制服撞色，保证其识别性。力求在总的制服形象设计时，通过制服的造型、质料、色彩和配件体现鲜明的品牌个性。

2. 适用性原则

首要考虑制服的实用性，贴合工作要求。员工在各自岗位上工作的环境不同，对服装也有不同的要求，违背功能要求的设计，都会给员工和企业带来正常工作和生活上的不便。因此，实用是制服设计的基本功能。除此之外，设计时也要考虑季节因素，应设计多套服装。

3. 视觉统一原则

员工制服是企业、品牌对内和对外传达的媒体。制服设计开发的一般原则应是使制服的应用系统设计与品牌的基础系统设计取得多样的统一。将品牌的总体个性、风格通过标识、象征图形或造型要素以及品牌标准色彩等具体体现在员工制服的设计上，根据不同功能的制服特点，将品牌视觉要素融合进去。

品牌制服要协调统一，采用标准色作为视觉搭配主色调。帽子、领带、鞋子等服装配件也应和制服的视觉要素相搭配。同时，也可以在保持整体风格的前提下，将标准字通过工牌或刺绣的方式体现在制服上。

### 三、交通运输工具系统设计

交通工具是一种天然的流动媒体，交通工具上的广告推广不会被反感，是多数企业的选择。

由于企业的交通工具长期在企业外活动，它活动性大，宣传面广，可随着车辆驶深入大街小巷。所以交通工具能够将品牌形象进行全方位、多角度地宣传，同时，经济灵活，持续时间长。

交通工具上的品牌信息是一次性的花费，和户外广告相比，几乎不用维修和整理，清洁和擦洗工作都由交通工具的使用人来进行，因此，许多品牌企业都重视利用交通工具为品牌传播服务，充分发挥交通工具流动、廉价的宣传特点。

交通运输工具的种类有车辆、船舶、飞机等，涉及广泛的领域，其中作为重要设计项目的车辆，有营业用车辆、运输车辆、作业用车辆等种类。

在此需说明的是，对于运输工具的设计开发并不是变更车辆的造型和尺寸，而是在车体表面进行图像、文字设计，具体的设计开发应注意以下几点：

### （一）视认性的设计开发

车辆及其他交通工具的设计与其他应用项目不同，其流动性强的同时更容易被忽略，所以，在推广时更需要做到使观者"一眼识别"。设计时，需要注意重点突出要表现的要素及要素间排列的主次顺序。

### （二）作为系统的设计开发

在进行车辆等交通工具设计时，需要与其他媒体推广形成系统性的设计。品牌推广设计一致性，要求车辆及交通运输工具的开发设计也必须作为开发的联动系统中的重要环节来对待。一致性是十分关键的，进行视觉设计推广的所有种类交通工具要做到整体风格的统一。风格的统一主要指的是以下几种要素的统一，如标准色、字体、标志、象征图形、主要元素、构图安排等。特别是色彩的选择、主要元素及构图要风格一致，协调统一。

### （三）车体设计的表现

不同车辆的形状和规格各不相同，因此设计时所使用的表现技法和材料也不同，要在符合品牌形象风格的基础上进行选择和再现。车体设计的表现方法有剪贴文字、图形及标志不干胶贴、丝网印刷和涂料喷绘等。

由于交通工具的形体、大小、造型和车辆的用途不同，所以对于不同类型的交通工具，要充分发挥品牌要素的延展性特点。品牌图案是交通工具设计应用中最活跃的因素，它能调节各要素之间的关系，而标准色在远距离的传达中则具有突出的作用。在应用设计时还应注意与具体的造型相结合，使品牌宣传得体、恰当。

## 四、环境系统设计

品牌企业环境设计也是品牌视觉统一化的具体体现，是品牌的"家"。随着商品经济的发展，环境意识也逐渐为大家所重视。这说明消费者不仅会购买具有使用功能的商品，而且也会购买服务和消费环境。随着商品经济的成熟与社会文明的提高，品牌环境的竞争将越来越重要。

环境规划对鼓舞员工士气、增加凝聚力具有非常重要的作用。不管是室内还是室外，都可以借助品牌周围的环境，突出和强调识别标志，并贯穿于周围环境当中，充分体现品牌形象统一的标准化、正规化及品牌形象的坚定性，使观者在眼花缭乱的都市中获得品牌的识别，并产生好感。

### （一）建筑与环境

建筑和环境是相对固定性与持久性，因此，要重视对企业建筑物及周围环境的利用，可将其看作品牌推广系统中不可或缺的一项。品牌企业内部环境是指品牌的办公室、销售店、会议室、休息室、厂房等内部环境。

企业环境往往是留给消费者第一印象的场所，让消费者第一时间感受到品牌经营风格，可以看作是品牌的脸面。品牌外部环境更是作为企业最大的"招牌"，起到传播品牌形象的作用。特别是企业办公场所所在的建筑物，它的外部环境具有开放性和周围环境融为一体，充分体现品牌与社会和人类环境的相辅相成、共存共荣的特征，这对于建立统一的品牌形象至关重要。

一般来说，企业所有建筑空间都可以称作品牌环境。包括办公场所、生产性场所、销售场所及服务娱乐场所等。对品牌环境进行环境设计时，要考虑其对员工工作效率的影响，设计上应该有人情味。例如，在企业的办公间、工作间设计时，应调和色调，以取得整体安全的气氛。在沉闷的车间里，添加活泼的色彩可调节员工心理，令其缓解工作的疲劳。

## （二）店铺

店铺也是较为重要的环境设计项目之一。在店铺设计开发时，必须充分考虑不同的行业，店铺的形象对品牌形象的影响是很大的。在商品交换中，消费者通过商店的服务以及购买商品，从而形成店铺的形象，而店铺的形象直接影响商品形象，也直接形成对品牌的形象认识，所以，店铺是连接品牌和消费者的桥梁，某些地方，店铺直接体现了品牌整体形象，从而也影响商品的形象。

对消费者而言，百货店、超级市场、银行营业店等店铺的形象确定了品牌的形象，而拥有生产和销售两种业务的企业，其店铺本身具有比广告更高的价值。从这一点来看，店铺形象的设计的确是重要的。

店铺本身的结构特征，基本处于固定的模式，具有不可改动的性质。在这样特定的设计场合中，要求品牌设计师要有根据现有环境灵活做出对品牌未来环境的整体系统设计能力。

作为设计开发的重点，首先，要分析店铺里所必要的空间和功能，整理现有的设计条件，从商品的形象联想到地区性特征和顾客的特性，将店铺的设计按使用功能、空间平衡等分步考虑，并站在消费者的角度考虑，处处体现人性化的细节。例如，公共场所需要提供供顾客休息的座位，能提高消费者的购物体验。其次，销售场合商品的摆放要主次分明，方便消费者选择；要有清晰的商品及服务指示牌或者示意图；明亮的灯光照明系统。再次，购物环境应舒适，让消费者感到在这样的环境中产生交易是一种享受。最后，各种设施的门面是品牌的形象表现，消费者往往通过门面的制作材料与色彩、橱窗的灯光以及展示图案区别于其他品牌。

## 五、导示系统设计

导示系统（Sign），包含有信号、标志、指示的意思。它是一种识别符号，起到指示或者引导说明的作用。在导师系统设计中，它不再作为单一的符号使用，更是一种整体层面上的设计元素。它在设计中的存在意义，可以在整体设计中起到引导作用，带给人心理上的亲切感。

导视系统也是一种信息指示系统，它结合了环境和人之间的关系而存在。一般情况下，它是作为一种独立的标识，出现在现代公共空间中。例如商场、公共交通空间、大型社区等。导视系统发展到今天，已经不再是作为单纯的信息指示牌，它被媒介传播领域开发利用，是整合了建筑景观、交通节点、信息功能的媒介界面设计系统。

导视系统按照分类，可分为环境导示系统、营销导示系统、必备导示系统公益导示系统和办公导示系统。

（1）环境导示系统分为内场区域导视系统，如商场导视系统，和外场区域导视系统，如景点的导视系统。它在不同的环境中，起到的功能是不同的。

（2）营销导示系统在环境导视系统中，导视系统是和环境融为一体的，属于环境的一部分。而营销导示系统则不同，它作为导视系统，实则是为销售服务的，例如商场的店铺指示系统的设置，最终目标时创造良好的营销环境。

（3）必备导示系统指有关部门强制安装的导视系统，它在造型、色彩，安装、使用都有其严格的技术标准。由相应工程的施工单位提供并安装。如紧急出口、消防设备等安全标识、交通导示系统；电、水、光缆、煤气等警示标识。

（4）公益导示系统它的主要作用是对公众进行某一方面的知识宣传，起到公益教育和引导的作用。因此要做到两点：第一，设计风格方面要体现温馨、人性化的一面；第二，内容方面要符合社会大众文化定位。很多时候，它都是单独使用，针对某一方面做出说明、引导。尽管如此，它的视觉表现上一般是统一的，使受众能即刻了解指示牌的意义。如告示牌、区域说明、温馨提示牌（请勿践踏、小心碰头、坡陡路滑等）。

（5）办公导示系统是针对管理者而言的，一般来说，严肃性是办公导示系统的特点。它的定位则不尽相同，有的是以它的环境文化定位紧密相连，有的是以它的企业理念、价值观或企业文化为背景，它的定位主要是根据管理者的要求来确定。它主要包括机构名称牌、科室牌、工牌（胸卡）、办公区域指示牌等。

## 六、界面及数字图标设计

科技进步推动数字媒体快速发展，品牌形象设计有了新的开发研究课题。品牌形象设计引入数字媒体中，数字图标的设计必不可少，需要注意以下几个方面：

1. 注重设计趣味

数字图标有以下几方面特点：一是造型上吸引力，设计独特的外形，抓住消费者的眼球；二是图标的艺术化，数字图标在色彩和结构上的协调性，使设计更合理；三是数字图标创新性，创意新颖，有文化气息；四是数字图标易识别性，在其他图标中，具有较强的识别度。

2. 注重设计交互

交互设计是一种人机无障碍交流，消费者可在界面和机器进行互动，这种交互设计具有很强的趣味性，消费者在操作时能获得精神层面的愉悦和满足。数字图标的设计此时应以趣味性和游戏化的形式传达给消费者，同时也要合理地将品牌植入人机互动交流环节。

3. 注重设计功能

相对于用户的用途就是功能。图标的功能是通过有一位的形式作为媒体来实现的，数字图形界面媒体形式的人性化设计就是通过图标的交互行为使得其功能得以传递。

## 第三节　品牌包装与推广设计

品牌的包装与推广设计，实则也属于品牌形象要素的应用设计，但是因为这两种对品牌形象应用非常重要，因此单独予以详细阐述。

### 一、品牌包装设计

#### （一）品牌包装概述

"包装是商品沉默的推销员"，信息准确、形式精美的商品包装在推销商品的同时也提升了品牌的自身形象。

包装是产品的延伸发展。它通过特定的图形设计传播品牌及产品的信息，提升产品的形象及价值，是应用识别系统中的一项重要内容。它包含零售包装、批发包装及储运包装。

品牌可以通过包装设计所构成的视觉效应对消费者的心理产生影响。对于陈列于货架上的种类繁多的商品而言,包装是品牌面对消费者的最后一个宣传载体;对于消费者而言,良好的包装设计可以促使消费者购买行为的发生。

从现代营销的观点来看,包装是商品的延伸,良好的包装能增加商品的功能、扩大商品的效用,成为商品不可缺少的一部分。同时,品牌商品包装不仅是商品功能的描述,而且还以其独特、统一的系统设计传递品牌的形象信息。可以说,商品是品牌培养与塑造的经济来源,商品包装起着保护、销售、传播品牌和商品形象的作用,是一种记号化、信息化、商品化流通的品牌形象。成功的包装设计是最好、最便利的宣传品牌和树立良好品牌形象的有效途径。

**(二)品牌包装的设计思路**

1. 包装形象的定位

品牌包装在进行形象定位时,要考虑它和企业形象定位和企业宣传策略的统一性。

在具体操作时,首先要掌握目标市场特征,了解商品所面对的顾客群体的特征,使包装设计迎合对应消费群体的需求。了解竞争对手的商品包装状况,再结合商品形体大小因素及商品特征,确定包装的规格和式样。其次应注重塑造商品外观式样的独特个性,赋予其有效的艺术风格,从而以个性鲜明的设计吸引消费者。在进行包装的开发、设计时,只有考虑品牌的诸多因素,才能做出与品牌理念、品牌目标、商品特性相符的包装定位。

在设计形式上,品牌包装设计最主要的内容就是如何将品牌形象要素应用于包装之中,它包括材料、色彩、文字、图案等因素应与品牌标志、标准字、标准色、字体等相统一,使其整体视觉效果与品牌的整体形象相一致。最终确定出具有鲜明品牌特征和竞争力的商品包装。

2. 包装形象的设计要点

(1)在产品品牌的设计中,包装设计可以说有着重要的位置,而其设计的难点便在于如何将平面设计转换为三维立体设计。平面中的色彩、图形、文字建构在立体架构中,不仅要将主要展示面中的基本信息传达出来,同时还要联系其他几个面,使包装有一个整体的设计概念,而不能只是将几个孤立面进行简单的堆砌。

（2）系列性在包装设计中是很重要的一个方面，应该引起设计者的重视。设计师要对包装的各个方面有详细的了解，如其类别、尺寸、特点等，并根据具体的产品来对形态关系、色彩延伸、构图特征等进行规划。系列化设计不是简单地将相同的色彩、形态、构图等套用于大小不同的产品之上，而是要在统一中寻求变化，形成同类产品之间色彩、形态、构图之间的互动性，达到同中有异、异中求同的效果。

（3）包装技术得以实现的一个重要方面便是对结构设计的运用，只有对材质、工艺、印刷等有了细致的了解，才能真正地进行包装设计。从材质选择、设计稿，到包装展开图、完稿图、打样稿、折叠成型，是一个完整的过程。其中对于结构尺寸的把握度、图形印刷的精确度、色彩的可实现度、文字信息的准确无误都应有着严谨认真的态度，严格把控包装设计的过程，才能设计出优秀的作品。

（4）购物袋的设计不容忽视，它同样是品牌包装的一种。购物袋是将方便消费者购物和宣传店铺、品牌形象二重功效相结合的包装媒介。大型商场、店铺一般都设计有自己特有的购物袋，作为盛纳商品、赠送顾客之用。这种经过精心设计的购物袋，在袋面上突出地宣传自己品牌的形象，一般包括店名、标志、地址、电话，再配以本店建筑或门头的图案形象、吉祥物图形等，美观、醒目且节约成本。

除外形美观之外，购物袋设计还应当考虑其实用价值，要适应人们提拿物品的习惯。这就要在结构上下一番功夫。具体来说，应当根据本店经营商品的特点来设计它的造型和结构。例如，服装店的购物袋宜大而薄，以便容纳折叠整齐的衣物；食品店的购物袋宜深一些，可以容纳各种形状的糕点、糖果等食品。另外，还要依据商品的重量考虑选材质地和提手结构。顾客从商店走到大街上，其手中漂亮的购物袋能够吸引周围公众的注意，因而，购物袋实际上起着一个无声的宣传作用，传播着企业名称、标志、产品品牌等视觉要素，其实际意义不可低估。

（5）包装设计中，包装纸设计是最为常见的。包装纸是从古代流传至今的传统包装形式，也是品牌应用系统设计中不可忽视的媒介之一。我国历史上现存最早的一份雕版广告"济南刘家功夫针铺"雕版，实际上是一份包装有缝衣针纸的印版，它的面积大约四寸见方，内中包括店名、商标（白兔牌）和广告文字，这说明早在北宋时期，我国商店就已经知道利用包装纸来作为广告，宣传自己店铺的形象了。

现代商店在包装纸的设计上虽然在纸的质量、印刷技术等方面比古代大为进步，但包装纸上所包含的要素仍集中在以下几个方面：有的店铺突出自己的店徽、店标或吉祥物；有的店铺突出本店建筑形象，都是以期达到形象化的宣传效果。包装纸一般采用单色印刷，偶尔亦有套色或彩色胶印。它的设计常采用较淡雅的色彩，并把店名和标志放置在较中心的位置，以便在包装商品之后店名、图形处于比较突出醒目的位置。

**（三）可供借鉴的成功案例**

1. 乔卡·摩卡（Chocca Mocca）咖啡包装设计

德国乔卡·摩卡咖啡包装，主要在图形应用中以摄影图片与统一的标识进行了巧妙结合。在包装的背景上，咖啡"豆"形的标识占据画面的主要部分，把一些草莓、蓝色果酱等水果原料和浸蘸了巧克力的制成品填充入咖啡"豆"形的图案中。包装袋的设计，采用常见的纸质包装材料。最精致的是包装袋的抽绳设计，用黑色绢纱形的丝带而不用缎料，因为绢纱形丝带看上去像手工制作的时髦包装。它利用巧妙的构思，借用咖啡豆真实的形象，通过加入诱人食欲的元素勾起消费者品尝的兴趣，从而促进购买行为的实施。整个产品包装感染力强，直观、真实地显示出商品的特点和质感。而新上市的"摩卡咖啡口味"，采取了简约化的包装设计，以适应大众的消费群体。

2. 蒙牛包装设计

蒙牛包装不论在图像、造型还是材质上都较同类产品略胜一筹，既能有效地保护产品不受损坏，又有不污染环境的包装功效。从装潢上来说，整个设计比同类产品的包装显得更简洁、清新、美观。

3. 特易购（Tesco）烘焙食品系列包装设计

蜜糖创意公司受英国最大的零售公司特易购委托，为其设计烘焙食品的系列包装。蜜糖创意公司引入了很多创新元素，在现有知名度基础上进一步提升其品牌价值。

基于人们对该公司一贯的信任和支持，蜜糖创意公司对产品外观、产品感觉和包装进行了重新定位和评估。在保留原有核心价值理念和个性的同时，改进了产品功能上和感情上与顾客的联系，敏锐地捕捉到烘焙师傅在制作糕点时的自豪感和激情。蜜糖创意公司的创意是在面粉上"标上"食物名称，之后再运用到外包装上，给人以生动真实的感觉，仿佛面粉就撒在包装袋上。烘焙师傅亲手标上食品的名字，透过名字，我们还可以隐约看到面粉的底色。整个外观设计让我们清晰地了解这一系列不同产品的颜色和配料，方便消费者更好、更快地选择所需商品。

同时，这个设计也突出了一种理念，就是我们会不断推出高品质产品，不断地进步。只有不断追寻新的设计发展道路，探求新型包装设计，消费者才会对品牌产生崇拜。掌握好消费者心理，迎合其心理体验需求，才能给品牌的推广及发展带来深远的影响。

## 二、品牌推广设计

根据信息传达的策略性，品牌推广应分阶段进行。但由于应用媒体的不同，需研究受众视觉传达的心理特征与生理特征，在不同的推广阶段中以不同形式的针对方法，保持正确性的计划和阶段性的执行方法。同时，品牌推广形象设计的系统性，又体现在不同广告目标的统一性与策略的统一性上，才能使这种系统性的广告推广活动有序，累积广告效果。因此，正确理解推广的视觉特征，是保证不同媒介推广目标统一性的关键。

### （一）推广的视觉特征

在媒介科技高度发展的今天，品牌推广需要应用不同的媒介语言来表达推广的主题概念，并且这个概念必须经过视觉创意表现出来。推广最基本的形式就是广告，推广形象的设计是依据视觉传达的心理与生理特征来进行的。

1. 视觉传达的心理特征

通过人的感觉、知觉和认知的心理过程实现。感觉反映到视觉上即注意。"心理能量在感觉事件或心理事件上的集中"，视觉传达是为了吸引别人的注意，所以视觉元素一定要有特别强的冲击力才能引起受众的注意，使传播过程产生效果。

引起的注意力分为有意注意和无意注意。在信息传播中，无意注意是在最短时间内引发接受者兴趣的功能，通过视觉信息的接受，潜移默化地受到视觉元素中文字、标志等要素的影响。

知觉是人对事物的复杂感知，侧重对事物主要特征的感觉和认知，具有整体把握过滤无效或者无用信息的特点。一般来说，推广形象采用简洁与对称组合规律等明确的形态以及色彩鲜艳、对比强度大、非静态的形象容易被选择。而知觉对象是信息的接受者，所以要依据接受人群的特征，如年龄特征、性别特征、认知特征等主观因素来考察设计。人会因为这些特征的不同对同样的事物产生不一样的认知。认知原本就是外界事物通过人的内在感受获得的一种心理体验，它是一个深层次大脑加工的过程。大致可以分为记忆、推理、想象等几个阶段。由此可见，人们对推广形象信息的接受是有选择性的，只有一定意义的事物，人们才会有意识选择注意和记忆。同时还依赖于已有的知识，与接收的信息形成某种对应关系时，直观的图像才会比抽象的文字更容易记忆。这就是推广信息实现视觉转化的重要心理特征。

因此，推广的视觉传达就是根据这种视觉心理，受众的眼睛错觉、生理机能、视觉习惯以及识别与阅读环境等因素，决定推广形象画面中受瞩目的地方——所谓的视觉中心。推广广告的表现应尽可能地考虑将有关创意概念的信息置于瞩目价值高的视域，才能在第一时间抓住消费者的视线，诱导欲望，强化记忆。视觉传达是人们最重要的获取外界信息的途径之一，正常人80%的外界信息通过视觉来获取。人们往往认为眼见为实，误以为具体的视觉中没有"思考"存在，完形心理学家阿恩海姆曾说过："一切知觉中都含有思维，一切推理中都包含直觉，一切观察中都包含创造。"

当视觉发生效力时，人们在接触到广告作品的一瞬间，就把心理活动有选择地积聚于一定的画面元素。视觉中心可聚焦视线的特性，使"第一印象"有效地传递给受众。视觉中心的可解读性，一方面将创意概念的重点鲜活清晰地反映出来；另一方面又可使人阅读的心理集中在创意概念的理解上，通过对视觉中心的反复阅读，加深对创意概念的理解。因此，通过对视觉心理的认识，可以了解到人们对推广广告从无意到有意的心路历程，这对指引推广广告的设计大有裨益。

## 2. 视觉传达的生理特征

视觉信息的传达是在某一空间内进行的，因此，需要考虑视觉传达距离与人的视觉、感知系统的关系怎样才能达到最优。为使视觉传达信息的效果最优化，要从尺度、色彩、环境等方面对形象信息进行视觉控制。

尺度控制指各种比例关系及距离在视觉上给人的不同感受，视觉设计必须控制在符合人体生理、心理及人体活动的尺度要求上。视觉传达信息的尺度控制依据人的视距为参照标准，人的眼睛能看到最远30米左右的物体，最近1~2米的物体，所以信息媒介在道路上的视距控制距离应为30米左右，不能小于1米，大于或小于这个距离，信息就会失真，肉眼无法接收到视觉信息。从视觉宽度上来说，根据研究在保持头部静止状态下，人眼的可视范围也是有限的。人的双眼水平望去能看到上下视角约130度的范围。根据这个数值，视觉信息的高度应控制在2米到2.5米之间，过高或者过低都会影响受众接受信息的效果。有实验证明，人眼辨别颜色的视觉角度大约为60度的范围内，识别文字的角度仅在30度范围内，所以在设计中，需要对视觉信息的版面进行合理安排，尽量使受众不需要转动头部就能接收到全部重要信息元素，保证信息传播的整体性、有效性。

色彩控制是针对环境色彩而言，独特的推广信息色彩有助于在接受者心中形成独特的色彩印象。视觉心理表明，人在对推广形象不熟悉的情况下，对色彩的感觉最为敏锐，会首先选择色彩作为其区分事物的标准。色彩的宏观控制，应包括对城市空间环境的色彩控制；色彩的微观控制，是指推广信息系统内的色彩规范以及推广形象信息系统色彩与环境色彩的关系。色彩设计需要突出视觉元素本身所要传达的信息和内涵，同时也要与周围的环境协调统一，对背离主题的色彩必须加以限制。

环境控制主要针对公共环境视觉污染而言，泛指人们目光所及的公共环境空间。现实中，人们都希望有赏心悦目的视觉环境，但由于各种杂乱的视觉元素充斥在有限的视野中，反复刺激人们的视觉神经，造成强过的视觉环境污染。

因此，品牌推广形象设计的计划性是十分重要的环节。根据人接受信息的视觉心理过程：由感觉、知觉到认知、接受，一般需要这四个阶段的推广设计计划。

## （二）推广识别的户外广告

这是品牌推广形象第一阶段，无论是新品牌还是品牌再设计，都会有新品牌形象导入、亮相的程序，其推广是以新品牌的核心价值理念为创意主题的品牌识别广告，通常以招贴广告、户外广告以及电子视屏、电视媒体形成一定规模的推广方式，传达新品牌的推广形象信息。

推广识别的户外广告，是人类有史以来使用的第一种广告形式。在西方中世纪时，户外招贴已成为欧洲流行的传播信息形式；到了19世纪，户外招贴逐步与各种艺术形式融合，形成一种独立的艺术形式。随着商业的发展，招贴逐渐与广告融合，并逐步成为一种成熟的全球化广告媒介。户外推广很大程度上反映出一个地区商业的发展水平以及社会人文风貌，现代户外广告设计正在逐步走向多样化的表现形式。

*1. 户外广告的形式*

除最常见的招贴广告外，主要有下面四种形式：

（1）路牌广告是最常见的户外广告形式，它能多视角地展现广告的推广讯息（如三维的构架形式），有很高关注度，白天它们是彩色路牌招贴，晚上则成为色彩斑斓的灯箱广告，体现着浓厚的都市气息。

（2）交通广告包括车站棚广告、车体广告、车内广告等形式。它与交通方式息息相关，是上班族接触最多的广告形式。

（3）霓虹灯广告是一种常见的户外识别性广告形式，它表现的内容多以广告文字或相应的标牌名称为主。一些广告图形也会以极其凝练的形式出现在霓虹灯广告中。

（4）电子板广告既具备平面广告的形式，同时也有动态语言的特征（如电子显示屏等）。这种户外广告形式科技含量高，是媒介科技发展的亮点，因而推广的识别性很强。

*2. 户外广告的特点*

（1）户外广告是城市生活的风景线，具有浓厚的时代气息和都市情感。户外广告的识别心理受环境影响很大，高速公路旁的户外广告与市区内的户外广告在辨识上就有很大差别。一般来说，对于高速公路的户外广告，由于信息的接触时间很短，人的识别心理是基于远观性注意，此类广告在表现上应尽可能地强化视觉中心的表现力度。

（2）城市内的户外广告，在阅读心理上是强制性的。这些广告出现在大街小巷，昼夜不停地传播广告信息，不管你愿不愿意，总会自然而然地看到它，对它产生一种情感上的依托。强制性识别心理是一种趋向日久生情的信息接收方式，表现语言上力求一种亲和力，能有效缩短信息接收的周期。

（3）品牌的户外广告，是传递一种感觉或瞬间印象，推广的识别形象与环境息息相关，能否有一个完整的广告印象，关键取决于"第一眼印象"。广告形象设计强调简约化，视觉形式越简洁，对表现语言和方法要求就越高，就越能克服识别环境上的障碍，快捷地将广告信息传达给受众。因此，识别广告的信息含量简约，文句简短，主体形象突出，是户外识别广告媒介主要的表现特征。

3. 户外广告的设计要点

（1）户外广告设计除要考虑夺人眼球，还应考虑与环境协调。通常要以实地考察的结果来决定广告视觉的表现形式和创作手法。千万不要使广告成为城市环境的视觉污染。

（2）户外广告的表现形式可采用摆脱二维空间束缚的方法，如突破矩形户外广告板的限制，或是空间错落的多重二维空间的表现形式，或是与创意概念相关的镂空处理，应用重叠、借景、通透的表现手法，有助于创造耳目一新的视觉效果。

（3）户外广告设计元素的确定，应立足于远距离信息瞬间清晰传达的原则，选择的字体和颜色尤为重要。字体太粗容易模糊，太细又看不见，一般来说，黑体和宋体有很好的可读性，运用恰当可增加广告信息的传递性。同时设计充分考虑视觉形式语言的鲜明性，应广泛借鉴当代艺术风格形式，运用得当就会成为表现创意的亮点。

**（三）推广价值的营销广告**

这是品牌推广形象第二阶段的设计，是在新品牌策略性指导下对品牌价值进行功能性推广的程序，也是新品牌形象导入后的起势，其推广是以新品牌的产品价值和服务理念为创意主题的营销广告设计，通常以 POP 促销广告、DM 产品广告、直邮广告形成一定规模的推广方式，传达新品牌的价值信息。

1. 营销广告的形式

（1）直邮广告指直接送达给潜在对象的广告，过去泛称直邮广告。这类广告最初出现在 1775 年的美国，迄今已有两百多年历史。按照媒介投入量来算，这类广告是仅次于报纸、电视的第三大广告媒介。许多新企业把这类广告作为第一种广告媒介，其主要原因在于它面对预定消费者的方式最直接。一般来说，这类广告总是与相应的广告活动相结合，能够快速、准确地将广告信息传递给目标消费者。

（2）POP 广告（折页），是常见的促销广告形式，具有鲜明的时效性，往往会与具体销售时间，如季节性时机、节假日或重大活动相配合使用。主要有商业贺卡、明信片等形式。一般来说，这类促销广告的制作质量可高可低，便于设计师创造性地发挥，而且制作精良的商业贺卡或明信片还具有收藏价值。

（3）DM 产品广告（也称产品型录），是用来介绍企业及其产品的印刷宣传品。它在一定程度上代表了企业自身形象，所以这类广告的内容必须详尽，照片和插图要体现一种诚信感，版面的构图要有连续性。另外，纸张选择、印刷方式、装订样式等都受企业视觉识别的约束。由于制作投入大，企业只向预期的顾客寄赠。

2. 营销广告的特点

毫无疑问，这是最容易引起消费者反感的广告，没有人会愿意一到街上就被铺天盖地的广告所控制，很多 POP 广告和 DM 广告在没有开启前，就被扔到了垃圾箱。因此，这类广告的设计必须在第一眼时间里博取消费者的好感，才能完成使命。而其中的广告信，又必须证明它是有价值的，才能让消费者保留细读，直至接受它。

3. 营销广告的设计要点

（1）从商业的角度看，价值推广广告不仅是广告，也是一种媒介，所以媒介形式也是重要的设计任务，因此需要更多的睿智与创意。表现形式灵活，采用一些立体构成方式和巧妙的折法，让消费者感到眼前一亮，进而爱不释手。在很大程度上，展示空间的扩展，会使设计更有回旋的余地。

（2）价值推广广告的表现语言，应侧重于轻松活泼、幽默诙谐的图形和巧妙的组合结构相融合，会有许多意想不到的效果。

（3）在设计上可以让价值推广广告具备一些广告以外的功能，赋予新的使用价值，会使消费者对其产生特殊的情感，更容易让消费者保留和收藏。

### （四）推广文化的杂志广告

这是品牌推广形象第三阶段的设计，是推广新品牌概念，调动消费者情感，以达到塑造品牌个性印象为目的的广告设计。它是针对固定消费族群，通过持续而详尽的广告信息，将消费者的认知引至预设的意识层面而采取的广告设计程序，同时也是新品牌形象的深化，其推广是以新品牌的文化价值和情感服务理念为创意主题的广告设计，通常以杂志为媒介，形成连续而持久的推广方式，传达新品牌的文化主题意象。

1. 杂志媒介的形式

杂志广告的文化推广，是由于人们对杂志的阅读较书籍来说要轻松。一本精美的杂志可以放上好几个月，让人细细品味其中的每一个细节。反复阅读能够使杂志很自然地促成阅读心理，从无意关注到有意关注。人们心理上指望杂志尽可能全面地展示他们想知道的东西，他们从每一个图片细节中寻求答案，体味文案所表达的信息，甚至觉得每次阅读同一本杂志都会有不同的收获。基于这种阅读心理，会促使人们高度关心产品。在杂志广告的设计中，产品图片细节的完整性或功能展现的全面性，都将直接影响到广告效果。在设计风格上，情趣化的阅读心理为杂志广告的设计提供了一个展现广告艺术特性的模板。

2. 杂志广告的特点

（1）针对性强。一般来说，杂志的固定读者群都有相同的阅读品位，方便集中广告讯息。体现在杂志广告设计中，应该关注消费群体特征，特别是专业性强的杂志，读者就是本行业的专家，此时广告设计的表现语言应具备行业的特征与规范，以加强与消费者在特定语言上的沟通，拉近消费者与品牌之间的距离，使其产生信任感。

(2)读者忠诚度高。读者对杂志的忠诚有时近乎狂热,经营良好的杂志能换来读者长久的信赖,使杂志最大限度地融入读者的情感。因此,杂志广告设计表现上应注重营造感官气氛,与受众感性交流。体现朋友般的理解与宽容,是杂志广告设计的主导思想,用带感情的视觉语言传递品牌概念是杂志广告独具的魅力。

(3)声望高。一些高档或精品杂志在消费者中有很高的声望,它代表一种身份,体现一种格调,刊登于此的杂志广告也应呈现出品牌的档次和品质。

3. 杂志广告的设计要点

杂志广告设计需要以高质量的视觉品质,传递给特定的目标受众,而华丽精美的杂志印刷能给人视觉上的享受,为设计表现提供更广泛的设计空间。

(1)杂志版面的组合方式为杂志广告提供许多创新机会,包括头版、封面、插页、折页和特殊尺寸等,可以实现版面结构的多样性为创意提供空间,企业也将利用这些优势创造特定的广告表现语言。

(2)色彩是杂志广告设计中的主要表现元素,印刷技术的发展使杂志有了更广阔的色彩展示空间。杂志广告的色彩除了在色相、明度、纯度上注意设计感觉的体现外,还可以借用刷胶等印刷技术或选用特质纸张,让颜色有质地上的差别。由此产生出非常丰富、微妙的肌理效果,最大限度地强化广告的视觉冲击力。

(3)杂志的艺术表现空间弹性很大,创作手法也日趋多样化。如立体式的广告插页,使杂志广告摆脱了单维媒介的局限,此时的广告表现应考虑到多维的效果,甚至是处于不同阅读环境中的效果。"互动性"是媒介发展的趋势,这就要求广告表现要考虑到如受众是否能很方便地参与等问题。

(五)推广信誉的网络广告

这是品牌推广的第四阶段。网络广告设计是进行新品牌深入推广信誉度,调动消费者情感,以达到塑造品牌形象价值的广告设计。它针对的是广大的网络用户,在互联网媒体进行品牌形象和价值的推广,需要有一定的品牌实力与建设过程。设计必须具有很好的互动性,通过适宜的视觉沟通保持品牌的记忆,传达品牌广告的信息。设计的关键是将消费者的兴趣引至预设的信息层,应用互动的情感服务理念,体现品牌的诚实度和信誉度,并且推广方式应具有连续性和时间上的持久性。

网络广告是指，在全互联网媒体中，通过电脑或其他移动设备终端，将品牌商业信息或政府公益性信息传递给网络媒体受众。根据网络广告的性质，将其分为侧重于商务与促销活动的商务类广告；以服务建立自身商业形象的服务类广告；以满足受众精神文化生活需要为目的的文化类广告；以维护和促进社会经济文化发展为目的的社会类广告；以宣传科学与人文精神、树立文明观念、推动社会健康发展为目的的公益类广告。

1. 网络媒介的特点

互联网的出现使信息传播速度加快，实现了信息的全球化传播，人与人的交往距离缩短，交往范围无限扩大。网络信息传播有着方便、快捷的优势，因为使用群体广泛，信息来源也更为复杂多样。作为新兴的大众媒体，网络信息传播方便快捷、受众广泛的特点给传统媒体带来特别大的冲击。同时，网络媒体的包容性更强，各种各样的内容信息兼容并蓄，各种文化艺术多姿多彩，打破了媒体信息传播内容和形式单一的传统，调动了网络受众参与的热情。与此同时，网络媒体的发展也带来全新的艺术创作形式，内容更加新颖。无限广阔的创意空间，得到了信息服务业的垂青，网络广告就是其中之一。

2. 网络广告的形式

网络广告的形式目前主要有这几种：网页广告、搜索引擎广告、电子邮件广告、在线游戏广告、软件广告等。

（1）网页广告

打开浏览器时，显示在网络屏幕上的广告就是网页广告，例如各大门户网站上的广告。

（2）搜索引擎广告

指搜索网站利用数据库技术，用户通过在网站上搜索关键词，网站自动将关键词和数据中商家信息进行匹配推送给用户。

（3）电子邮件广告

这是一种以电子邮件的方式将商家信息推送到用户电子邮箱的广告形式，同时，用户也可以根据自己喜好订阅感兴趣的相关商品广告。

（4）在线游戏广告

用户玩网络游戏时，出现在游戏中的图片广告形式；或者在游戏中通过人物和情节植入品牌内容，使广告本身就是游戏的一部分。

（5）软件广告

软件广告也叫搭载广告。指软件制作者将含有广告代码的插件或者广告链接捆绑在软件中，在用户安装软件的同时，将插件同时安装到用户的电脑上，并能够把广告标识显示在软件界面中。

依据体现网络广告特征与优势的形式对网络广告进行分类，通常有应用广告语或品牌吸引受众，使其点击链接到自身网页的点击类广告；单方面传播信息的展示类广告；在节假日或特殊日期以贺卡方式出现，可供下载的投递类广告；以画面自身或画面整体移动形式出现的动画类广告。以上这几大类网络广告，可以归纳为点击类与非点击类广告，其中绝大部分种类的网络广告都要求能够最终促成点击，以此来确认信息传达的有效程度。这些网络广告形式本身也显示了设计的目标内容。

3. 网络广告的设计要点

（1）需求即目标

网络广告需要针对某一网站特定用户群体，以满足这一用户群体的需求为目的，对他们需求的把握是设计广告的前提。由于某种兴趣爱好或理想追求等共同因素而能被归入一类的人群，是在权衡需要的普遍性与特殊性后，对设计目标和定位的确立。

（2）诱导的逻辑

网络广告对受众首先应该是良性的诱导。它包括吸引与引导两个方面，无论从视觉角度还是信息的角度，吸引与引导的内容必须是一致的。可以说，诱导的设计需要符合受众的心理期待，而非为了追求视觉冲击设置诱导内容。如果只是按照设计者的想法，诱导欺骗受众点击，会起到与目标相反的效果。诱导的正确打开方式，应该是吸引受众自愿注意力，自愿参与广告内容的互动。

（3）多样的统一

网络虽然具有信息包容性强的特点，但是网络广告也不能随意，它具有多样的统一特点，具体表现在两方面：一方面，从结构上来说，网络广告也需要保持与主页的和谐一致；另一方面，需要确定广告主题，并保持主题信息的完整性和统一性。网络广告的所谓多样，指的是形式上的多样，来满足不同网络受众的需求，所谓统一则是指最终能实现统一的视觉信息传达效果。形式是为内容服务的，因此不能盲目追求网络广告的多样化，而要以统一的主题为立足点，多样化要以实现统一为前提。

（4）锁定视线

互联网是开放性的媒体，它的特点是，网站页面上往往有多个类型的广告在一起，广告类型复杂、内容多样。因此，采用什么样的设计方式能够牢牢锁定受众的视线，是设计者应该重点考虑的问题。设计时要考虑视觉传播元素与周围环境的对比，如色彩、字体、图形大小、深浅等，做到主次分明，在突出广告主题的情况下，尽量和周围环境有比较大的对比，才能够突出视觉中心，抓住受众眼球。

（5）受众群组

网络广告设计中受众群体需求就是目标群体需求的共性体现，也是划分一个类群的依据。但由于网络广告的互动性，需求容易发生转移。比如由于刺激对象满足了受众现实需求后又会有新的需求产生，因此当需求得到满足的期待度不同，受众在某个区域停留的时间也会不同。而当需求得到满足后，由于个体差异，其被唤起的新的需求的时间也不一定会相同。这样的差异决定接下来各自的行进方向，因此，在设计选择性的页面时，受众群体应进行分流，群体应进行重组。

（6）分类引导

由于受众群体组合的随机性，在选择进入相应类型的产品信息页面时，其自身也就暂时脱离开始的群体组织。而在其选择进入的分类页面中，与其选择该类信息的人又构成新的群体。这样的情况就要求在网络广告设计的信息分类设置中，着重于对受众的引导设计，信息的分类要考虑多方面的受众需要，不能过分强调信息对某一类受众的有用性，要充分考虑受众在互动过程中需求转移的可能性，这也是设计对受众需求从群体统一到个性特殊再到群体统一这种变化过程的把握。

# 第四章 品牌形象塑造的创新与发展

本章为品牌形象塑造的创新与发展，第一节为品牌形象塑造的发展趋势，第二节为以消费者联想为导向的品牌形象塑造创新，第三节为新媒体环境下的品牌形象塑造创新。

## 第一节 品牌形象塑造的发展趋势

### 一、重视品牌交互设计

品牌交互设计，要做到既联系又相对独立，打造品牌自身独特的生态系统。正如每当人们听到可口可乐便会想到百事可乐、听到苹果就会想到微软，这些对于人们来说就是一套系统观念，而不仅仅是孤立的品牌设计。

品牌具有一定的意义，不仅是由于它们象征着某些重要的东西；它们自身的价值以及其中更加重要的附属价值往往更被看重。由此，人们会在购买商品时，也考虑它的附加价值，无论我们是否认同这一行为，但这种现象已经引起了足够的效应，无论是积极的还是消极的。每个人对于一些特定的品牌的反应会基于不同的文化而存在着巨大的差异。可以发现，品牌能在没有任何介绍的前提下，通过其独有的视觉语言使人感受到其背后的力量。这种力量是一整套系统的支撑，建立人与品牌之间的相互体验关系是非常有趣的，要从整个系统出发，建立起网络的思考模式，这是交互设计中的重点。

交互设计在塑造品牌的过程中具有相互传达的特性，由原始的单向传播到分众，再到精准的一对一传播、从单向沟通到双向沟通、从实体到虚拟，这皆是当今网络交互设计所带来的互动特性的新体验。互动的设计更会引起受众的兴趣，满足人们的参与感。受众不再仅仅是信息的接受者，他们拥有更多的自我参与的机会，并可以实时地将体验感受反馈到品牌所有者的企业中，对网上的产品信息做出自己的体验报告，并将其发布到网络媒体当中，与其他消费者进行比照，反过来又成为产品开发者进一步研究、优化品牌的重要信息。

### 二、注重品牌本土文化传播

品牌总是存在于某一个特定的历史土壤中的，吸收着当地文化的养分，带着文化自身精神的基因。这也是形成品牌差异性的重要原因——不同国家有不同的文化传统和民族精神。

历史上很多到中国游历过的西方人，都在回去后的笔记中介绍了中国繁多的商品、"遍地是黄金"的财富，以及中国的民族文化与风俗习惯、古老而深刻的文化内涵。这也因此吸引了大批西方人远渡重洋，把中国的文化传播到西方，促使中国的风土、中国的精神走向世界。

商品的全球化带来的是不同产地的商品给人不同的使用感受。美国产品用料饱满、风格大众，如汽车的大众化与麦当劳、肯德基的连锁化都是典型美国商品的标志。20世纪中后期，日本的商品迅速覆盖了欧美、亚洲市场。日本产品的用料精确、做工精良、设计考究成为超过原有欧美产品的秘诀。人们研究发现，日本的文化决定了民族精神的追求与产品品牌设计的一致性，即近乎完美的要求与近乎苛刻的质量检验体系。

互联网的迅速发展，形成了麦克卢汉所说的"地球村"，这种统一中唯一的不同也许就是每个民族、每个国家都有自己独特的文化历史，如果能够充分地发掘本民族的文化内涵，合理地将其利用到文化产业发展中，本民族的文化就不会受到他国冲击，就会使自己的民族文化源远流长、走向世界，也就能够自然地和时代现状结合到一起。

### 四、重点打造数字化品牌

如今，"生活在云端"的云时代已经来临，大数据的影响渗透着各行各业，同时也得到人们越来越多的关注。大数据时代的一个显著特征是信息传播方式变得更加多样，品牌传播方式得到创新，且具有多种多样的形式。搜索引擎的营销、社会化网络的营销、网络视频互动的营销、即时通信的营销、论坛营销和微博营销等应用都是建立品牌形象与进行品牌传播的良好手段。这个时代的品牌形象建立已经从以往的品牌自我宣传逐渐转向品牌与用户的对话。也就是说，从以往的品牌主导式单向传递到受众的营销，转向品牌与受众的双向互动。由于大数据时代的信息碎片化、大量化，抓住有用的信息与新媒体技术，是将品牌形象多点化、空间立体化重构的营销过程，也是完成了解消费、促进消费的过程。

当前，用户获取信息的渠道不受局限，手机、平板、电脑多终端的整合，以及全媒体、新媒体、自媒体的发展趋势不可阻挡。品牌形象设计者若想在这个信息快速变化、消费行为日渐多元、市场竞争日益激烈的数字化时代实现品牌突围，就要改变传统的品牌管理模式，分析这一品牌以往成功的经验，制定明确的未来数字化品牌形象策略，打造统一的品牌形象。同时要创新品牌体验模式，牢牢抓住客户，使自己的品牌形象在数字化时代继续绽放，从而最大化发挥新媒体平台的价值、提升品牌的商业价值与社会价值。

## 五、品牌形象识别更加多样化

### （一）强化品牌形象的动态识别设计

动态识别是相对于较为传统的静态品牌形象识别而言的。动态识别是指在品牌形象系统中的某些要素可以随着时间、空间、媒介的变化而呈现出不同的表现形式，以增强企业或产品形象的识别度和记忆度，从而达到树立或提升品牌形象的目的。

其实，人们早就接触到了动态识别，只是当时动态的设计手法还没有被广泛地运用在品牌形象设计中，中央广播电视总台的新闻联播标志就是一个很好的例子。文字在前，地球的图像在后，而不停旋转的地球抓住了观众的眼球，给人们留下了深刻的印象。该动态识别对中央电视台新闻联播这档节目的品牌形象起到了很好的传播和推广作用。

动态的信息有其自身的特点和优势，动态的视觉传达效果能够丰富企业形象的表现形式，使其更生动形象地呈现在受众面前，从而打破传统品牌形象设计表现形式的单一化、程式化。很多时候，利用这种优势可以令信息更加快速、准确、有趣味性地传达。

动态识别包括视觉动态识别和听觉动态识别。

### 1. 视觉动态识别

视觉动态包括标志、图形、文字等视觉元素通过运动呈现出的动态效果，还包括标志、图形、文字等打破单一、静态、固定的外形和色彩而呈现出的灵活多变的效果。

现代的视觉形象设计如果还采用传统的、单一的、一成不变的标志，已经很难吸引人们的眼球，而采用具有一定变化的标志可以更具吸引力。当然，变化也并非随心所欲，而是与企业或品牌的气质和传达的概念相统一。

文字也能够利用运动形式创造出多种新的形态：连续地变换大小、位置，变换颜色、肌理效果，还能利用笔画之间的运动来创作出颇具趣味的动画。

### 2. 听觉动态识别

听觉动态识别是指利用人的听觉，以特有的语言、音乐、歌曲、特殊音效等声音传达企业或品牌形象，从而体现出企业或品牌之间的差异性，增强其辨识度和记忆度。

通过听觉获取的信息占人类获取信息总量的11%，是信息传播的重要渠道。企业歌曲就是利用音乐来传递企业形象的最直接的例子。一首适合的企业歌曲对内可以振奋精神、鼓舞员工的斗志、增强企业内部的凝聚力，对外可以很好地展现企业精神、提升企业形象。

随着企业形象设计动态化的不断发展，声音也渐渐融入动态的形象设计中。当人们在接收到腾讯QQ上好友发来的消息时，除了企鹅头像的闪动，还能够听到清脆的"Di—Di"声，这个声音便成了腾讯QQ的一个声音标识。每当听到这种声音响起，人们便知道有QQ消息来了。如今，声音融入品牌形象的案例已经越来越多，如"蜜雪冰城"的"你爱我、我爱你，蜜雪冰城甜蜜蜜"，就非常成功。

## （二）重视品牌形象的触觉识别

1. 触觉识别的内容

与其他几种感官相比较，触觉与身体的关联更直接、紧密、真实。当人们闭上眼睛去触摸一个物体时，能够知道物体的形状、大小、软硬等，并对触摸到的特征进行记忆。当我们再次触摸到该物体时就能够通过记忆中的特征去识别它。人们通常将这种触摸到物品时产生的触感作为判断该物品质量好坏的依据之一，并用"手感比较好""摸着舒服""穿着舒服""肌理感强"或是"粗糙""手感差"等一些词来形容这种触感，这就是最常见的一种触觉识别方式。

在实体店里，人们能够通过"触摸"这种方式和日常认知以及对该触感的记忆特征来对该物品进行判断。这也是人们对物体进行的最直接的判断。

尽管随着信息技术的发展、互联网的普及，人们已经能够在网络上买到几乎一切日常生活所需的物品，但是当这些物品一而再，再而三地与人们的期望值相差甚远的时候，实体店就扮演起了一个非常重要的角色，因为在这里，人们不仅能够看到真实的物品，还能感受到物品真实的模样。因此，许多优秀的品牌商家便推出了线上、线下相结合的销售模式，人们可以通过线下的体验店来真实地感受物品，然后在线上进行商品的购买。这是现在及未来产品销售的一个新方向。消费者可以在体验店通过触摸和实际的操作体验，来感知产品的真实性和可靠性，从而建立起对产品价值和品质的认可。

2. 触觉识别在品牌形象中的应用

一件优秀的产品能够帮助企业或品牌树立良好的形象，但并不是所有的企业都有这样"可触"的产品，如服务企业、咨询企业、融资公司等。

现在，我们常见的触觉识别多通过企业在日常商务工作中流通最多的物品来体现，比如，具有独特肌理的名片、特殊形状的信封、高品质材质的小礼品等。但这些还是远远不够的，相信随着以后科技的进步，触觉还能在企业或品牌形象识别中发挥更大的作用。

### (三)创新品牌形象的嗅觉识别

1. 嗅觉识别的内容

嗅觉是人类感官中最为精致的部分,人类能识别并记住10000多种气味。有学者指出,比起视觉和听觉,嗅觉冲动获取的信息能够以更短且更直接的线路到达大脑半球。这样,嗅觉就能比其他感官系统更快地在更多的脑区域进行交换,而且还能不费吹灰之力地进行编码。气味是一种物质粒子,会影响生物体(包括人类)的生理和心理,进而影响人们对产品的喜好和购买行为。负责处理嗅觉的大脑边缘系统也是负责处理人类情绪和记忆的器官,所以,相比其他感官,嗅觉刺激更加直接、迅速地影响人们的情绪和记忆。

莫内尔化学感官中心的一位高级研究助理苏珊·纳斯克研究发现:在商场的两间店里面喷洒芳香剂时,消费者在这两间店内停留的时间会比在其他店内更长。

因此,嗅觉识别能够利用人的嗅觉,以独特的气味来定位企业或品牌形象,形成企业独特的"香味标签"。通过香味给受众带来记忆和情感的体验,将记忆、情感与品牌或企业完美地融合到一起,准确地表达企业或品牌的传播理念和价值。这种精心设计的"香味标签"能够影响人的情绪,诱导人的购买行为。

2. 嗅觉识别在品牌形象中的应用

利用嗅觉来进行商品的销售和推广由来已久。远古时代,露天市场的卖主们就已经会使用熏香来吸引路过的人们走近自己的摊位。

现在,越来越多的优秀品牌机构也将嗅觉放在非常重要的位置来进行品牌的推广和营销。例如,2002年可口可乐推出了一款柠檬可乐,当人们靠近装有特殊香料的自动感应机时就能闻到扑鼻而来的香味。麦当劳也做过类似的宣传,在早餐期间,公共汽车的候车厅在有人靠近时就会自动播放麦当劳的广告并喷发出香味。

## 第二节 以消费者联想为导向的品牌形象塑造创新

### 一、通过消费联想构筑品牌形象的新视点

迄今为止，有关品牌设计理论主要是从两个方面展开的：一是从企业形象的角度，为企业建立企业识别形象系统，以日本中西元男的 CIS 理论为主要代表[①]；另一个是从视觉传播的角度，应用品牌定位等原理，研究品牌视觉符号的设计与传播，以美国罗瑟·瑞夫斯（Rosser Reeves）的 USP 定位理论为代表。前者关注的是企业品牌识别设计，后者聚焦于品牌的定位视觉传播；前者着重于企业形象的自我宣传设计，忽视消费者定位传播，后者过于强调消费者传播定位，忽略品牌视觉设计的重要性。两者均有一定的片面性，但两种设计理论的出发点都是不错的，均是基于推动企业的发展，品牌产品的销售。

然而，本书认为，当下品牌形象塑造应该将两者结合起来，应从消费者传播定位的角度出发，洞察消费者联想心理，从而为其塑造有效的视觉符号。这才是当下急需的品牌设计战略，也给我们带来了新的研究视点。

当下已经进入消费者决定品牌的年代，消费者永远都是对的。文化在改变、在融合；价值观在重组、在新生；新的消费群体在不断形成。在这样一个环境中，昔日的品牌设计思想亟待转变。当下品牌设计战略的重心应该从以企业为中心转移到以消费者为中心的品牌设计战略上来。因为只有占领消费者心灵，满足消费者的期望，解决消费者的问题，承载消费者的形象，融合消费者的情感，了解消费者的联想，品牌才会具有忠诚度，品牌才会长青；而占据消费者的心灵，则需了解消费者的品牌联想。利用消费联想作为架设品牌形象和品牌识别（视觉符号）之间的沟通桥梁，是当下品牌设计战略研究的新视点。从某个角度上说，企业的品牌打造过程，就是品牌联想塑造的过程。

设计师只有基于消费者的品牌联想内容，为其建构相应的视觉图形，建立系统的品牌视觉风格，将简单、抽象的品牌名称及标志扩展为丰富的品牌联想，塑造品牌性格，以引导消费者感悟到品牌的核心价值观、品牌承诺、品牌行为等，

---

① 中西元男. 创造现代企业的设计 [M]. 北京：中国摄影出版社，1994.

才能最终赢得消费者对品牌的认知、记忆和认同。

## 二、消费者联想的思维

具体而言，联想思维是指在人脑记忆表象系统中由于某种诱因使不同表象发生联系的一种思维活动，它在人的思维活动中起着基础性的作用。联想思维的产生具有以下几个主要特征：

### （一）客观性

联想作为一种心理活动，它是能动的，但却不是纯主观的；它是自由的，但又不是随意的。联想一般是以直接感知的、客观存在的事物为前提的，也就是说，一定要有客观存在的事物和亲身的感受（直觉过的、体验过的）才能产生联想，它总是受到客观事物的制约。比如，看到黑褐色会联想到"铁"等有重量感的物质，也是因为之前看到过"铁"的客观存在；看到白色会联想到"棉花"和"雪"等重量轻的物体，是因为之前该物体已经客观存在，而且自己有过亲身体验，去抚摸过、感受过。如果人们没有这种体验，没有感知过该物体、了解过该物体，就不可能产生这种联想。由此，在品牌以视觉符号为载体的传播过程中，消费者联想能否依托品牌视觉符号理解该品牌精神，很大程度上还取决于消费者自身的生活、工作、生产、社会等实践经验和感知的丰富程度、深化程度，并且与消费者的阅历、经历、修养、知识广博及渊博的程度密切相关。经验越丰富、知识越渊博，联想就越多、越快，想象力就越丰富、创造力也越大。

### （二）互转性

联想是一种扩展性的思维方式，从一件事物、一个问题可联想扩展为多件、无数件事物，多个、无数个问题，可以是由此及彼、连绵不断地扩展，也可以是迂回曲折地发散联想。两者又可以相互转化，如由红色联想到温暖，由温暖也可以联想到红色；如看到阿迪达斯（Adidas）的标志（视觉）联想到该品牌运动精神（心觉），而通过联想运动品牌（心觉），我们往往也联想到阿迪达斯、耐克（Nike）等品牌。此外，从视觉意象转化为肤觉意感（触觉）、从听觉转化为味觉、从听觉转化为视觉等都可实现相互转化。这种联想是动态的、互相转化的。

### (三)形象性

联想思维是形象思维的具体化,其基本的思维操作单元是表象,是一幅幅画面。通过联想,可以将抽象事物具象化,从而更有利于理解,如听到"救火"的喊声,就立即联想到"灭火器"和"消防车"。这种特征在品牌的设计应用中很有价值,如借助品牌视觉符号,通过联想方法,建立品牌沟通的桥梁,可以有效积累品牌资产。品牌所诉求的抽象化品牌精神,可以通过视觉符号的形象化注入消费者的心中。总之,联想思维可以通过认知表象事物,迅速把联想到的思维结果形象地呈现在联想者的眼前,具有典型性、概括性和形象化特征。

## 三、消费者联想的方式

### (一)相近联想

相近联想又叫接近联想,是指通过相同处境的人、相似的社会现象、相近的时代背景以及在时间和空间上相接近的事物,在相同或相近的方向上所产生的联想。它的主要特征就是同质的甲与乙之间具有的接近点、相似点,如一个寡妇人家,当看到别人丈夫去世、拖儿带女的凄凉情景时,联想到自己失去丈夫的悲痛,声泪俱下,这是相同处境的人在相同命运上产生的相近联想。当我们听到雷声,就立即会联想到雨,要么是"雷雨交加"、要么是"光打雷,不下雨"。说雷离不开雨,因为两者在时空上是紧密相连的,这也是相近联想。

### (二)类比联想

类比联想是指对一件事物的感知立即引起与它在性质上相似事物的联想,其特征是不同质的甲与乙之间由此及彼地类比推移。文学作品中的借喻和艺术作品中的象征就属于这一类。比如,"山舞银蛇,原驰蜡象""床前明月光,疑是地上霜",在这里作者将山势的曲线与蛇行的曲线,月光的白色与霜产生类比联想,于是用银蛇比喻雪山、用霜白比作月光;又如,传统吉祥图形中,称松、竹、梅为"岁寒三友",是因为它们的苍劲挺拔、矫健俊秀、刚韧多姿以及经严寒而不凋的共同本质可以用来比喻、象征高尚品质的朋友和英雄人物。诸如"竹报(爆)平(瓶)安""早(枣)生(花生)贵子""喜(喜鹊)上眉(梅)梢""事事(柿如意（如意祥和）"等，多是用同一词义、同一音韵、谐音寓意、巧合借喻、借助类比而实现的相似联想。俗话说"无巧不成书"，正是这种"巧"可尽情进行想象并能创造出无数"绝妙文章"。因此，相似联想较之相近联想更具有不确定的性质。客观事物和现象间各种微妙的类比都可成为相似联想的基础和导火线，需要人们用丰富的想象力去发现它、感受它，这也为艺术家和设计师们的创造开辟了更为广阔的天地。

### （三）相关联想

相关联想是依据事物之间的相关因素，如种属关系、生态关系、依存关系、配套关系等导致的对其他事物的联想。其特点是甲与乙之间紧密相关。比如，看见藕，立即联想到莲花、莲蓬，甚至又联想到莲池，由莲池又可能联想到水和水中的鱼藻水草等。说到蔷薇，立即联想到月季、玫瑰（种属关系）；看见猫，可能联想到虎（种属关系），或者想到老鼠（生态关系）；听到火车鸣笛，就会联想到铁轨（依存关系）；买一件上衣，很容易联想到配什么裤子、配什么帽子、配什么鞋（配套关系）等。

上述的几类联想，仅仅是为了便于叙述，实际上联想并非机械的、分割的、对立的，而往往是串联的、贯通的。主体对一件事物究竟能引起什么类型的联想不是事先规定的，不同的人或同一个人在不同情况下（如对原来形成暂时联系的强度、当时的心境和实践任务、经验和知识素养的增减等），都会引起不同的联想。

### （四）相反联想

由大海的宽阔联想到自己的渺小；从别人夫妻恩爱的幸福，联想到自己夫妻不和的痛苦；从幼儿的成长，联想到自己的衰老；等等，这种由某一事物的感受引起和它相反特点的事物的联想，利用事物内在的对立统一关系，从一个方面而联想到另一个方面，就称为相反联想。其特征表现为类似"有"和"无"这样的相反点、对立点，设计方法之"反常设计法"实际上也是一种相反联想。

英国科学家法拉第从电流通过线圈能产生磁场的相反方向，联想到既然电流能产生磁场，那么磁场能否产生电流呢？于是经过反复实验，终于发明了发电机，这就是相反联想所赐予的伟大创造。我们知道早期人们利用风力推动装有扇叶的风车转动来进行工作，那么装有扇叶的风车能否形成风力？也许电风扇就是在这种相反联想中得以诞生的。

由以上对联想思维的几种类型的具体阐述，我们不难发现，联想的发生事实上基于两种联想模式：正向联想模式和反向联想模式。然而，当联想思维应用于品牌形象设计时，由于需要塑造的是品牌的主要属性（行业属性特点和品牌核心价值观），要树立消费者对品牌的正面联想，因此，正向联想模式最为关键。相比之下，反向联想模式更适合应用在品牌的应用设计推广中。这种正向联想模式应用于品牌视觉符号的创作设计中，体现为两种创作设计方法：正向推演法和交叉推演法。

### 四、消费者联想导向的品牌形象塑造创新

品牌联想是企业品牌资产的核心。一个品牌具有的积极、肯定的联想，不仅能为消费者提供购买理由，也是消费者品牌忠诚的基础。以消费者联想为导向的品牌形象塑造创新，是一种首先通过预设消费者的品牌联想内容，继而实施视觉形象设计策略和战略的方法。以研究潜在消费者心理作为出发点，认为消费者往往是基于产品品质、自我表现、档次和服务四个方面的综合考虑后，从而产生购买动机。

因此，以消费者联想为导向的品牌形象塑造应该基于消费者的联想内容，整合策划和设计，必须要去创造消费者内心所期待的产品、档次和服务利益，使消费者达到一种内在的满足，旨在为企业品牌建立正面的品牌联想。其核心内容主要包括两个部分：策略层面、设计层面。

#### （一）策略层面：塑造消费者的相关品牌联想

众多专家和学者的研究已经充分证明，消费者的品牌联想能有效提升品牌资产。消费者联想为导向的品牌设计观主张基于消费者的品牌联想内容，为消费者塑造理性和感性两种联想。理性的联想为消费者提供购买理由，感性的联想则牵动消费者的情感，为其提供精神上的满足。

策略主张为消费者建构四种相关的联想：品质联想、自我联想、档次联想和

服务联想。

品质层面的联想主要是指消费者记忆中与产品质量相关的印象，是品牌最主要的联想内容，是品牌联想的基础层面。

自我联想是消费者层面的联想，是指能让消费者联想到该品牌特定的消费群体基本特征。如果个人也符合这个特征，就会成为品牌的消费者，从而实现身份归属，这也是市场细分与市场定位的有力表现。

档次联想是精神利益层面的联想不同人需求不同的档次。例如，对于消费能力高的消费者来说，购买高档次意味着自我表现利益的实现，精神的满足，因为高档次通常具有高质量的、昂贵的、稀缺的、贵族式、美丽的、手工的等等基本特征。

服务联想指的是为消费者在品牌体验中提供人性化服务，让其对品牌建立正面的情感。一个好的品牌，通常能让人想到它良好的服务等，服务包括售前的品牌接触，售中的店员服务、终端店服务以及售后服务质量等几个部分。

**（二）设计层面：打造统一的品牌视觉形象**

为消费者打造统一的品牌视觉形象，能快速在消费者心目中形成联想和记忆。以往的品牌视觉设计理论多是从图形的视觉美学角度出发，精心设计好每一个图形，而忽视品牌风格的存在，忽视视觉符号的视觉设计必须紧紧围绕品牌的核心价值观而展开，忽视对品牌形象的长期维护，忽视在建立品牌联想的过程中长期一致性的视觉传达设计。设计策略层面的消费者联想导向的品牌设计观，主张从以下三方面进行塑造：

首先，是为品牌确立一个统一的视觉风格。品牌设计风格包括品牌的整体视觉风格和从属产品的设计风格，产品风格应当附属于品牌风格，传递统一的品牌视觉形象和品牌个性，设计紧紧围绕品牌核心价值观而展开。

其次，为品牌创建"品牌基因图码"。任何品牌在发展过程中，都会根据品牌的文化基因建立一个相应的品牌基因图谱。在品牌建设中，需持续不断地为这个基因图谱植入创新产品，注入生命、灵魂、精神、道德、责任、故事、典故，规其行为，育其文化，并广为传播，通过较长时间的打造，使之深入人心，达到能够引发目标消费者对该品牌核心价值产生正面而丰富联想的目的。这样的图形才可称为品牌形象，它已经成为企业宝贵的品牌资产。通过塑造相应的品牌基因图码，建立起视觉上与消费者心智的沟通。品牌基因图码符号系统主要包括标志的符号演绎、品牌象征图形以及产品本身元素的转变等。

最后，基于消费者联想内容，实现符号语义的转译。运用品牌符号的联想转译法，使得抽象性的品牌核心价值观、品牌理念等，准确地将品牌联想的内容还原为可视化的视觉图形。

## 第三节　新媒体环境下的品牌形象塑造创新

新媒体的本质特征是媒体已不再是由媒体工作者把控各种渠道和工具，而是泛在媒体、泛在媒体人。从内容传播的流向和可信度看，新媒体环境下流向体现出杂乱中埋藏主流、迷乱中难寻真知。

由于新媒体的主要传播渠道都是基于互联网和移动互联网技术，因此与社交网络密不可分，必然导致新媒体是互动性和共享性的。媒体人往往只是内容传播的起点，而内容传播的最终结果在很多情况下会出乎内容制造者的意外。网民和消费者自发性地互动和共享，已对内容再加工，为新媒体传播带来难以捉摸的变化，对不同群体产生不同的影响。同时，由于内容被反复转发、再加工，加上无数缺乏公信力的内容制造者和内容出现，大大降低了公众对新媒体内容可信度的持久信任，甚至会出现黑白颠倒、是非不分的局面。

品牌传播在新媒体环境下面临着类似的挑战。一方面，品牌形象和价值在新媒体环境中被解读和传递的方式不同；另一方面，不同品牌之间的较量在新媒体环境下面临前所未有的局面。因此，能否正确认识新媒体环境下的品牌、能否遵循新媒体传播的规律并且实现创新性发展，是决定品牌在新媒体环境下是否能够获得持久生命力的前提。

## 一、新媒体时代品牌形象塑造创新的重要意义

### (一) 有利于提高企业的市场竞争力，增强综合效益

加强新媒体时代下的品牌形象塑造创新，保持品牌的生机和活力，有利于企业在激烈的市场竞争环境下占据一席之地，为企业创造更多的经济效益和社会效益，促进企业的健康快速发展。

在手机、电脑等现代移动互联网设备十分普及的新媒体时代下，有利于提高品牌形象塑造的知名度。如前所述，品牌塑造的形象代表着企业在社会大众中的个性特征，蕴含着企业独特的文化内涵，新媒体时代，设计和塑造具有鲜明特点的品牌形象能够更好地吸引消费者的眼球，使消费者能够在大量杂乱的品牌中找到符合自身需求的品牌形象，提高消费者对品牌形象的认知和认可，有利于开拓更多的客户资源，扩大企业的市场份额，提高企业的综合效益。

### (二) 有利于提高消费者品牌意识，增强企业服务品质

随着经济社会的发展进步，人们审美水平不断提高，以往的许多传统企业由于没有与时俱进的设计和塑造符合当代人审美要求的品牌形象，使得品牌形象老化，企业的认知度降低，消费者放弃购买"丑陋"的品牌产品，销售额下降。因此，企业应该紧随时代潮流和消费者的产品视觉需求，加强新媒体下的品牌形象塑造创新，有利于提高消费者的品牌意识，提高企业对消费者的产品服务和精神服务，使消费者对企业的感情更加深厚，提高消费者对企业的满意度和忠诚度。良好的品牌形象塑造可以留住更多的老客户和开发更多新客户，使消费者可以与企业建立更加长久稳定的买卖关系，为企业带去丰厚的经济回报，提高企业的社会知名度和影响力。

## 二、新媒体时代品牌形象塑造中存在的问题

### (一) 传统企业对新媒体下的品牌形象塑造认识不足

当前，我国仍有许多传统企业没有紧随时代发展，还未转变落后的品牌形象和经营管理观念，对新媒体环境下的品牌形象设计与塑造认识不到位，没有意识

到加强品牌形象设计与塑造对促进企业发展的重要作用，缺乏先进的品牌形象意识，使得许多传统企业领导不愿在品牌形象设计与塑造方面做出顺应时代发展趋势和消费者品牌需求的改变，在品牌形象塑造方面投入的资金和人力支持较少，使传统品牌形象的视觉感较差，仍然是固定的色彩和统一的方式来表现品牌形象，严重缺乏对品牌形象塑造目的和方法的思考，使许多消费者对平庸而乏味的品牌形象渐渐失去兴趣。

### （二）品牌形象塑造的个性化和文化内涵表现较差

在新媒体时代下，品牌形象塑造的形象难以吸引消费者的注意力，品牌形象缺乏个性化，难以真正表现企业的文化内涵。设计师在品牌形象设计与塑造中缺乏对企业进行深入的实践调查和科学合理的品牌规划，而且对品牌的市场潮流性、品牌定位以及品牌消费市场的认知不明确，导致品牌设计思路较差，有些品牌设计甚至是盲目跟风和抄袭，缺乏品牌形象塑造的创新力和识别度，表现形式较差，难以真正凸显品牌设计的鲜明特色，使消费者对品牌形象的文化价值了解较少，而且品牌形象的文化韵味和艺术品位较低，品牌设计的风格难以达到消费者的审美接受程度，导致品牌形象设计塑造工作难以顺利地开展，品牌设计产品销量较低，市场竞争力较差。

## 三、新媒体时代下品牌形象塑造创新的路径

### （一）敢于打破常规，提高品牌形象塑造的时代审美水平

品牌形象塑造应该打破常规印象，紧随新媒体时代发展和社会大众审美和生活方式的变化而不断创新改进，像是不断成长的孩子，需要设计师不断适时调整配套的服饰，才能让人眼前一亮，为企业形象注入新的活力，吸引更多的消费者，从而更好地适应新的社会竞争环境需要。例如，社会大众喜爱的著名咖啡品牌，星巴克就没有一成不变，而是勇于创新，制订品牌战略全面升级计划，经历了品牌形象设计的四次重塑，简洁醒目，易读易记，富蕴内涵，情意浓重，使品牌的形象更加深入人心，提高企业的市场竞争力水平。

## （二）提高品牌形象塑造的文化价值，增强民族性

现阶段，加强品牌形象塑造的文化价值，提高品牌形象的民族性，才能在激烈的市场竞争中脱颖而出。例如，一些化妆品企业品牌中，有的是中国古典特色的品牌设计标志，运用亮丽鲜艳的大红色背景，再加上一些五彩脸谱等标识，还有加入竹子、芦荟等绿色植物，既显示出化妆品具有古典优雅的东方特点，又能表现化妆品采取的是绿色健康的植物元素，满足消费者的个性化需要，有利于激发人们的购买欲望，提高企业的产品销量，实现综合效益最大化的企业发展目标。

## （三）加强品牌形象塑造与消费者之间的情感沟通

在当前的品牌形象设计与塑造中，设计师应该进一步加强品牌与消费者之间的情感交流沟通，可以设计和塑造人格化、卡通化的品牌形象，拉近企业与消费者间的距离。例如，美团外卖的黄色袋鼠形象就是具有拟人造物的品牌表达特点，更能够直观形象地表达美团外卖的企业定位，可以传达出企业快速给消费者带去食物的信息，这种以情动人、以巧取胜的品牌卡通画设计，使消费者与品牌建立了亲密的情感联系，不仅提高了品牌形象的感性文化价值，增强品牌的亲和力，同时这种形象艺术性的表达，也有效提高了品牌的识别性和认同感，有利于提高企业在消费者心中的形象和地位，从而感染和吸引更多的消费者，提高企业的市场营销能力。

## （四）注重品牌形象塑造的数字化

如前所述，品牌形象塑造的发展趋势之一，就是重点打造数字化品牌。因此，新媒体环境下，最重要的便是实现设计的数字化。通常来说，设计的数字化便是充分利用计算机或者其他数字化技术设备对品牌形象进行艺术化设计。

不同于计算机辅助设计，设计数字化模式下坚持以数字化工具为手段，坚持以数字化设备为传媒平台和输出展示平台，达到数字化应用的目的。而就设计者来看，数字化设计既要基于传统的设计理念、表现形式和手法，也要充分考量数字化的外在体现和价值。这一过程了凸显感性向理性的转变，而不是非逻辑和逻辑之间的转变。区别于传统的设计创作，数字化设计不再受制于外部物质的影响，如笔墨纸颜料等，合理利用各类设计软件和色彩搭配呈现出不同效果。只有坚持

将数字化技术与艺术设计相结合，才能表现出新的设计语言以及开创一个新的设计领域。

数字化技术应用于企业品牌设计过程，摒弃了传统的单一、静态的设计方式，从视觉效果和感官效果来看，动态与立体相结合的画面更加有冲击感，企业品牌形象充满活力，引起用户的关注热情。数字化设计改变了传统企业品牌设计的习惯和思维方式，优化了设计对象和技能，进一步深化了设计的便利性，提高设计的效率等级。

# 第五章 品牌形象的导入与传播

本章为品牌形象的导入与传播，重点论述了四方面内容：其一为品牌形象的导入；其二为品牌形象传播的策略与手段；其三为品牌形象的跨文化传播；其四为品牌形象的管理、维护与危机处理。

## 第一节 品牌形象的导入

品牌形象的导入要解决许多问题，包括协调品牌的员工、经营者和设计师，导入时间的选择，导入周期的设定，导入品牌形象的资金预算和品牌形象的传播方法等。

### 一、品牌形象导入的提案

品牌形象导入提案是专业的策划公司或企划部门向企业决策层提交的关于品牌形象导入实施的预想性计划方案。品牌形象导入提案包括以下六个要点：

第一，品牌形象的基本概念、作用和意义。概括地阐述品牌形象的普遍含义，可借助已成功实施的与该企业同属一个行业的案例，辅助说明其导入实施的重要性。

第二，提案的目的和企业导入品牌的原因与背景。根据事先的概略性调查结果，阐述该品牌形象导入的必要性和预期目标，分析存在的问题及社会文化发展的大环境，提出导入品牌形象的原因。

第三，品牌运作的预定方针和运作内容。以简要的条理性语言勾勒出该品牌形象导入的具体的运作内容，包括运作方针、实施方法、实施时间安排和实施机构的组织构想等方面。

第四，导入实施的作业流程和计划图表。结合品牌形象的规律性运作程序，制定该企业的作业流程和计划图表，其内容要求与企业的实际情况相协调。

第五，品牌策划、导入、实施的总投资预算。一般情况下，提案中的投资预算不包括管理的投资。其余部分应该详细列出分类的明细表，供企业参照。

第六，文案后应当另附调查结果参考资料。概略性调查虽然笼统简单，却是直接客观的参考资料，具有较强的说服力，特别对于"导入理由"及"提案目的"的阐述有很大帮助。

提案的重点在于"品牌形象的运作方针和运作内容"部分，作为解决问题的方法，企业应有针对性地依据提出的理由和预想目标，运用品牌形象的基本理论，予以分析解决。在运作内容的安排方面，应充分考虑企业的实际现状，有倾向性地合理配置有关项目，不可追求面面俱到。

由于提案是与企业达成共识的首要条件，因此，它还需要通过企业决策层的讨论研究，进行更深入的修正与完善，完善后的提案便可以作为与企业签订基本合同的依据。

## 二、品牌形象导入的流程

品牌形象导入的流程就是将设计提案推向顾客的战略过程，是一个从理念到行为的过程。品牌形象的导入流程大致可以概括为如图 5-1 所示的流程图。

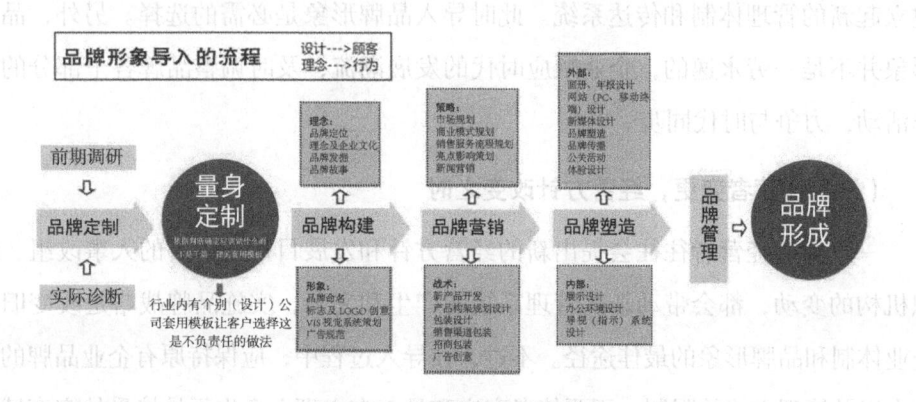

图 5-1　品牌形象导入流程图

品牌形象的导入是一个长期过程，除了新建品牌外，可能存在新老形象的共存期。当然，最为理想的状况就是能够大规模地、快速地、全方位地进行形象导入，能够在短时间内形成冲击，有利于在受众心中留下深刻的印象。

形象导入后还要实施管理和运行维护，为了确保品牌识别体系和最终在目标客户群心目中的品牌形象保持一致，需要有专人负责导入过程的质量把关，及时解决导入过程中出现的问题，避免竞争者的干扰，及时反馈问题和修正偏离品牌策略预期的构想，以保障品牌形象导入的统一性和有效性。

### 三、品牌形象导入的时机

对于品牌形象导入时机的把握，同样要从企业的实际情况出发，并考虑前一阶段品牌形象的策划进度。从理论的角度，大致可以概括为以下几个时机：

#### （一）公司成立之初，新品牌诞生之时

这是品牌形象导入的最佳时机，从无到有，新公司可以抛弃一切陈规旧俗，以设定的最为理想的经营理念和信息传达方式树立良好的品牌形象。企业应该通过品牌形象的导入，结合成立时面临的各种问题，建立起秩序化、规范化的完整体系。

#### （二）品牌更新换代，新旧品牌交替之时

企业如经营不善而导致业绩停滞或下滑，便需要从各个层面、各个角度重新建立起新的管理体制和传达系统。此时导入品牌形象是必需的选择。另外，品牌形象并不是一劳永逸的，企业顺应时代的发展潮流，及时调整品牌各个部分的运作活动，力争与时代同步。

#### （三）经营者变更，经营方针改变之时

一些新的经营者往往会提出新的经营方针和发展目标，重要的人事改组、组织机构的变动，都会带动新的管理系统的产生和完善，实施品牌战略是改变旧有企业体制和品牌形象的最佳途径。不过，在导入过程中，应保持原有企业品牌的影响力以及管理方式的限制，不要使老客户和员工在心理上产生不易接受的突变感。

### （四）品牌出现危机，企业重振之时

例如，作为世界 500 强企业之一的西班牙第一大石油公司雷普索尔在 2012 年遭受了重大挫折，其持有 57.43% 股份的阿根廷第一大石油公司 YPF 被阿根廷政府强行收归国有。但在同年的 5 月 29 日，雷普索尔就宣布了 2012—2016 年的战略安排，同时还对企业标识做了新调整。

### （五）创业纪念日

创业的周年纪念是对企业成长发展的肯定和总结。在创业纪念日适时导入品牌形象，能够给人一种新颖别致的感觉，可充分体现品牌独有的生命力和自我更新的动力；有利于在企业内部产生向心力，激发员工士气；在企业外部则可以赢得社会的依赖和认同。

品牌形象导入周期也需要仔细斟酌，导入周期需要根据企业的愿景、资金、实际运作等因素综合考虑。品牌形象导入的运作是一个长期的计划，导入过程是解决问题的过程，也是不断碰到新问题的过程。通常，品牌形象导入成员要制定一份进度安排表，在每个时间段按照时间表上的流程和项目节点有序、稳健地实施。

负责制定品牌形象导入提案的成员，应包含公司内部负责人、公司高层和设计开发人员。三方应以共同目标为原则，确立导入方针和内容。无论是前期的策划调研、管理调查情况、与公司高层商议，还是后期的设计概念理念、制订计划和制作识别系统并加以贯彻和推广，计划团队内部都要有全程监管的责任成员。

## 四、品牌形象导入的具体方法

由于企业的实际情况不同，品牌形象的导入方法也应有所不同。通常情况下，品牌形象导入有全面同时导入和阶段性导入两种方法。

### （一）全面同时导入法

全面同时导入是把已策划设计完成的整体品牌形象在一定时间内全面导入实施的一种方法。从企业的经营理念、管理方式到视觉传达系统，全部采用新的战略方针和内容，这对于"新成立"的企业来说，毋庸置疑是最佳的方法。这种方

法有利的一面在于全新的统一化、规范化的品牌形象系统，会在导入的同时以最强大、最完整的品牌形象力和视觉冲击力在社会及企业的相关行业中产生巨大影响，创造出全新的品牌形象，为企业的经营发展营造较好的社会环境和工作环境。但是，在运用这种方法导入实施的时候，应当注意以下三个问题：

第一，导入前的准备工作。由于这种方法要求在限定时间内全面展开各个方面的导入实施，所以在安排导入计划之前要彻底掌握品牌形象全部项目的策划和设计，其前期的准备工作必须充分、翔实，并经过严格的测试检验后，制订出周密的导入计划，方可进行。

第二，企业应拥有足够的经费投入。全部项目的同时完成必须以雄厚的资金作为经济基础，大到工厂的建造和环境修整，小到名片、徽章的印刷和制作，以及对内的供发表和宣传使用的小册子或宣传品的大量印制，对外的新闻发布会用到的报道资料的整合和会议的组织等。

第三，各项目策划设计和制作的周期较长，也是必须考虑的一个重要问题。按照品牌形象的运作模式，一个完整的策划设计需要两年的时间，即使是综合型品牌，其运作周期也至少要一年，对于大多数企业来说，以如此长的时间作为导入前的准备阶段会逐渐力不从心。因此，鉴于上述种种问题，有的企业在选择导入方法的时候，将目光转向了另一种更切实际的方法，即阶段性导入。

（二）阶段性导入法

阶段性导入分为两种形式：一种是以形象上最具显著效果的项目开始进行策划设计，然后分阶段依次进行其他项目的开发和实施；另一种是把全部项目分别进行策划设计，以反复导入的形式做多次开发，属于周期较长的形式。

阶段性导入方法特别适用于已具有一定经营历史的企业为更新和改革旧有形象而导入实施品牌战略的情况，是较为普遍使用的一种方法。这种导入方法在运用过程中也是利弊并存的，其有利的方面在于可以缓解企业在时间、资金投入上的不足，根据合理安排的导入程序，分期、分批地分散使用资金和人员。尤其是当企业规模较大、导入项目较多的情况下，这种方法的益处更显而易见。其不利因素则是，如果在导入内容、导入程序上规划不当，将直接影响品牌战略的运作成效，使品牌形象出现零散分离的现象。因此，为获得与全面同时导入方法成效相等的结果，必须在第一阶段导入项目的选择上尽可能地做好充分准备。

第一阶段导入的项目应当具有使企业内外部环境对品牌形象产生新鲜感和强烈印象的功效。作为第一阶段的开发重点，在品牌理念系统策划完成以后，以新的品牌理念和企业精神配合视觉传达信息的崭新设计，是行之有效的项目选择方法。

其中，视觉识别的开发设计也要注意顺序安排，品牌标准色、品牌字体及品牌名称的设计应当首先应用于要素中，首选项目应当是与员工关系最为密切的名片、信封、信笺等事务性用品和对外使用的办公用品，以及作为品牌形象代表的公司旗帜、徽章、招牌、标识等项目，如有条件，公司员工的服装和部分产品包装也应作为第一阶段开发的重点。在选择项目时，要特别注意品牌的经营内容和经营特性，零售业、制造业、金融业、餐饮业等行业由于经营性质不同，各项目所起到的视觉功效也各不相同，必须结合实际，全面衡量。

在导入过程中需要花费大量资金和时间方能完成的项目，如交通工具系统的更新、建筑的建造和修缮、各分店和专卖店的建设，以及企业内部使用的事务账簿、消耗品类等，都可以列为第二阶段导入的项目。对于管理方式的完善、教育活动的开展、产品的开发推广、促销策略的更新等内容，也可以采用分阶段进行的方法，尤其是受委托的专业策划公司在进入已具备一定模式的企业内部机制时，必须特别注意导入的方式和方法，不可盲目地一蹴而就，生硬地将各种规章制度强行推广应用，而应当配合各阶段导入的重点，分期进行。

总之，作为一个庞大且复杂的系统工程，品牌形象的导入实施过程也具有相当烦琐、细致的工作要求，无论是企业还是受委托的策划公司，都需要以严谨、理性的逻辑思维方式，审时度势地对品牌形象的各个环节进行周密的思考和计划，以保证其运作达到预期目标并取得卓越的成效。

除此之外，品牌形象导入时有一些观念需要得到重视主要有以下方面：

（1）品牌管理层面必须对品牌形象给予足够的重视，并将品牌形象设计开发和导入流程当作一项长期的投资和维护过程。品牌形象投资与硬件、营销等可以直接看到可视效果的投资不同，需要时间的累积和实践才能在目标受众中树立形象。

（2）企业员工也必须具有品牌形象意识，因为品牌形象的成长是呈螺旋形向上发展的，不只是一本厚厚的指导手册，而是理念行动设计管理维护发挥效用的过程，全员必须有统一的思想才能将品牌形象导入的作用发挥到位（如图5-2）。

图 5-2　品牌形象发挥效用的过程

（3）开发团体、委托团体与维护团体间需要良好的沟通与协调，以一个目标为出发点，将品牌形象有效地推广到受众面前。

## 第二节　品牌形象传播的策略与手段

品牌形象传播就是企业以品牌的核心价值为原则，在品牌识别的整体框架下，选择广告、公关、销售、人际等传播方式，将特定品牌推广出去，以建立品牌形象、促进市场销售。品牌形象传播是企业发展的核心战略，是塑造企业形象的主要途径。

### 一、品牌形象传播的策略

#### （一）品牌形象传播策略选择的基本要求

1. 信息聚合

品牌形象传播是动态的过程，动态信息的聚合性由静态信息的聚合性决定。品牌表层因素（如名称、图案、色彩、包装等）的信息含量是有限的，但产品特点、品牌价值、品牌认知、品牌联想等深层次的因素聚合了丰富的信息，共同构成了品牌形象传播的信息源，决定了品牌传播本身信息的聚合性。因此，在选择信息传播策略时需要考虑以下几个问题。

（1）呈现单一信息还是多种信息，可以根据产品因素、媒体因素、消费者因素来考虑。

（2）传播的信息以正面信息为主。

（3）传播的信息以优势信息为主。

（4）根据消费者的理性诉求及感性诉求权衡取舍传播信息。通常，理性诉求指消费者通过寻找有力证据证明产品的优势，或者通过与同类产品的比较来呈现产品优势。感性诉求指消费者通过感情迁移，赋予品牌和产品特有的感性价值，以获得心理满足。理性诉求常用文字描述主观信息，感性诉求常用视觉符号传达情感。

2. 媒介多元

信息的传递要依靠媒介来发挥作用，传统的大众传播媒介包括报纸杂志、电视、广播、路牌、海报、快讯商品广告（DM）、车体、灯箱、楼宇、超市卖点广告（POP）等；现代传播媒介是以网络为主的媒介，统称为新媒体。新媒体的诞生与传统媒介的更新共同打造出了一个传播媒介多元化的新格局，呈现出百花齐放、百家争鸣的新气象。

在进行传播策略选择时要充分考虑传播策略所使用媒体的多元性。同时面对多元媒体时，要考虑以下几个问题：

（1）媒体的类别组合，即在哪些媒体上投放。可根据目标受众接收信息的习惯来选择，也要考虑竞争对手的策略来调整本品牌的传播策略。

（2）同类媒体的选择和组合。品牌传播的预算、收效是考虑的主要因素。

（3）时间和空间组合。根据接触率、阅读率、收视率、视听率的高低，以及环境因素考虑。

（4）重复传播的频率。短时间、高密度重复传播适合用于产品导入时期以提升品牌认知度；长期、低密度的重复传播适合维持已有名气的品牌。此外，频率的选择还应考虑消费者的态度、情感，如果选择不当可能会引起消费者的厌恶。

3. 可实施性

品牌形象传播系统主要由品牌的拥有者和品牌的受众构成。二者通过特定的信息、媒介、传播方式以及相应的传播效果和传播回馈等信息互动环节彼此产生联系。由于产品传播不仅追求近期传播效果的优化，而且追求长远的品牌效应，所以，品牌传播应遵循可实施性原则，在品牌拥有者与受众的互动关系中进行操作。

**（二）具体品牌形象传播策略剖析**

1. 整合营销传播

品牌形象的整合营销传播是指把品牌与企业的所有接触点作为信息传播渠道，以直接影响消费者的购买行为为目标，是从消费者出发，运用所有手段进行有力传播的过程。这一过程对消费者、客户和目标受众或潜在的目标受众来说，通常应该是协调的，并且具有说服力。品牌形象整合营销传播不是将广告、公关、促销、直销、活动等方式简单地叠加运用，而是了解目标消费者的需求，并反映到企业经营战略中，持续、一贯地提出合适的对策。为此，应首先决定符合企业实情的各种传播方法和方法的次序，通过计划、调整、控制等管理过程，有效地、阶段性地整合诸多传播活动，然后持续开展这种传播活动。

品牌形象的整合营销传播不是一种表情、一种声音，而是由许多要素构成的概念。品牌整合营销传播的目的是直接影响听众的传播形态，品牌整合营销传播要考虑消费者与企业接触的所有要素。

从企业的角度看，品牌形象的整合营销传播以广告、促销、公共关系等多种手段传播一贯的信息，整合传播战略，以便提供品牌和产品形象。

从媒体机构的角度看，品牌形象的整合营销传播不是个别的媒体运动，而是由多种媒体组成一个系统，给广告主提供更好的服务。

从广告公司的角度看，品牌整合营销传播不仅是做广告，而且要灵活运用必要的促销、公共关系、包装等诸多传播方法，并把它们整合起来，给广告主提供服务。

从研究者的角度看，有学者指出，在当今竞争激烈的市场环境下，只有流通和传播才能产生差异化的竞争优势，传播能创造拥有较高利益关系的品牌忠诚度，使组织利润持续增长。由此可见，品牌整合营销传播理论修正了传统的 4P 和 4C

营销理论，能够产生协同的效果。

（1）整合营销传播策略的特点

①目标性

品牌形象整合营销传播是针对明确的目标消费者进行传播的过程。品牌形象整合营销传播的目标非常明确和具体，它并不针对所有的消费者，而是根据对特定时期和一定区域的消费者，并根据这类目标消费者的需求特点采取的措施和传播过程。品牌整合营销传播也能影响或辐射潜在的消费者，但不会偏离明确的目标消费者。

②互动交流性

品牌形象整合营销传播旨在运用各种手段建立企业与消费者的良好沟通关系。这种沟通关系不是企业向消费者单向地传递信息，而是企业与消费者之间的双向交流。沟通以消费者需求为中心，每个环节都建立在消费者的认同上，它改变了传统营销传播的单向传递方式，通过传播过程中的反馈和交流，实现双向的沟通。这种有效的沟通增进并确立了企业、品牌与消费者之间的联系。

③统一性

在传统营销传播理论的指导下，企业的广告、公关、促销、人员推销等行为都是由各部门独立实施的，没有一个部门对其进行有效的整合和传播。在这种情况下，有很多资源是重复使用的，甚至不同部门的观点和传递的信息都无法统一，造成品牌形象在消费者心目中的混乱，影响了最终的传播效果。品牌形象整合营销传播能够对企业的资源进行合理分配，并按照统一的目标和策略将营销的各种传播方式有机结合起来，表现同一个主题和统一的品牌形象，使企业的品牌形象形成强大的合力，从而推动企业品牌形象的传播。

④连续性

品牌形象的整合营销传播是由不同的媒体重复宣传同一个主题、统一的品牌形象，它不仅是一个持续的过程，而且是一个长期的过程，以达到吸引消费者对企业品牌形象的注意力、加深消费者记忆的目的。

⑤动态性

品牌形象的整合营销传播改变了以往从静态的角度分析市场、研究市场，然后再想方设法迎合市场的做法，强调以动态的观念主动地迎接市场的挑战，更加清楚地认识企业与市场之间互动的关系和影响，不再简单地认为企业一定要依赖并受限于市场自身的发展，而是告诉企业应该更努力地发现潜在市场，创造新的市场。

（2）品牌整合营销传播的要素

品牌整合营销传播的要素主要指营销传播中的各种方式。

①广告活动

广告是对企业观念、商品或服务进行明确诉求的一种方式。广告的直接诉求特点能够使消费者迅速对企业品牌有一个理性的认识。通过广告全面介绍产品的性能、质量、用途、维修安装方法等，消除消费者购买的疑虑。而广告的反复渲染、反复刺激，也会扩大产品的知名度，从而诱导消费者购买产品。

②促销活动

促销是鼓励消费者购买产品、服务的一种短期刺激行为。促销对产品、服务的直接销售影响更大，对品牌也具有一定的强化作用。

③公关活动

在处理企业与公众关系时，应合理运用策略，建立良好的企业形象。公关对品牌形象有着积极的影响，能增加企业品牌的知名度和美誉度。

④事件营销

通过一些重大的事件，为企业品牌建设服务。事件营销对企业品牌的影响是直接的，而且产生的效果也较为长久。

⑤人员销售

企业销售人员直接与消费者交往，在完成产品销售的同时，能够与消费者建立有效的联系。销售人员与消费者之间的关系是持续的，能够为企业吸引更多的追随者。

⑥直复营销

以多种广告媒介直接作用于消费者并通常要求消费者做出直接反应。直复营销的方式主要有电话销售、邮购、传真销售、电子邮件销售等，通过与消费者建立直接关系，提升企业品牌形象。

⑦企业领导者魅力

企业领导是企业品牌文化的一个缩影，企业领导者的魅力和个人风采（如企业领导者传记、个人理念等）有助于塑造良好的品牌形象。

⑧关系营销

利用企业与外部环境建立的关系，进行品牌形象建设。外部关系包括与媒体、供应商、中间商、终端零售商、终端服务商等的关系。

（3）整合营销传播常见策略

①事件营销

事件营销在英文里叫作"Event Marketing"，国内有人把它直译为"事件营销"或者"活动营销"。事件营销是企业通过策划、组织和利用具有名人效应、新闻价值以及社会影响的人物或事件，吸引媒体、社会团体和消费者的兴趣与关注，以求提高企业或产品的知名度、美誉度，树立良好的品牌形象，并最终促成产品或服务的销售目的的手段和方式。

简单地说，事件营销就是通过把握新闻的规律，制造具有新闻价值的事件，并通过具体的操作，让这一新闻事件得以传播，从而达到广告的效果。事件营销是近年来国内外十分流行的一种公关传播与市场推广手段，集新闻效应、广告效应、公共关系、形象传播、客户关系于一体，并为新产品推介、品牌展示创造机会，建立品牌识别和品牌定位，形成一种快速提升品牌知名度与美誉度的营销手段。

②体育营销

在体育营销的发展过程中，不少学者都对体育营销下过定义，有人将体育营销定义为仅限于与体育行业有关的广告主营销活动，也有人将体育营销定义为任何广告主可用的一种营销手段。综合前人观点及营销实践，中国传媒大学广告主研究所认为，体育营销是指广告主利用体育赛事、体育媒体、体育组织或体育明星，以目标消费者为对象，围绕产品、服务或品牌开展的一种市场营销活动。

③公益营销

1988年，瓦拉达拉金（Varadarajan）和梅农（Menon）对公益营销做出了最早的定义：制定并实施营销活动，并在活动的开展过程中，以消费者发生的购买行为及为公司带来的收入为基础，对于某项事业给予一定比例的赞助，最终实现组织（企业和非营利机构）与个人（消费者与中间商）双方的目标。从这一定义可以看出，公益营销自产生之初就强调依托公益活动，是一种使企业、非营利组织和消费者三方获得价值共赢的手段。在其后的二十多年中，诸多学者对公益营销的定义进行了不同的修改和创新，但是围绕公司活动实现三方价值共赢的核心始终没有改变。结合中国市场和公益营销在中国的发展和应用，本书将公益营销定义为：以公益活动为载体，整合利用多种传播手段，以提高产品销量、树立良好企业形象、构建企业与消费者和其他利益相关者长期良好关系为目标的营销行为。

④娱乐营销

所谓娱乐营销就是借助娱乐的元素或形式使产品与客户建立联系，从而达到销售产品、培养忠实客户的目的的营销方式。从娱乐营销的原理分析，娱乐营销的本质是一种感性营销，感性营销不是从理性上去说服客户购买产品，而是利用感性共鸣引发客户的购买行为。

2. 社会化媒体传播

社会化媒体传播是利用社会化网络、在线社区、微博、微信、百科或者其他互联网协作平台媒体来进行营销，是开拓公共关系和维护客户服务的一种方式。在网络营销中，社会化媒体主要是指一个具有网络性质的综合站点，而它们的内容都是由用户自愿提供的，而不是直接的雇佣关系。这就需要社交思维，而不是传统思维模式。

（1）社会化媒体传播的特点

传播周期长；传播的内容量大且形式多样；每时每刻都处在营销状态、与消费者互动的状态，强调内容性与互动技巧；需要对营销过程进行实时监测、分析、总结与管理；需要根据市场与消费者的实时反馈调整营销。

社会化媒体具有传统网络媒体的大部分优势，比如，传播内容的多媒体特性、传播不受时空限制、传播信息可沉淀带来的长尾效应等。除此之外，社会化媒体还具有自己特殊的优势和作用。

①帮助企业瞄准目标消费者

社交网络掌握了大量用户的信息，包括消费者公开的或者未公开的信息，利用这些信息可以分析消费者的喜好、消费习惯、购买能力等。此外，随着移动互联网的发展，社交用户使用移动终端的比例越来越高，移动互联网基于地理位置的特性也将给营销带来极大的变革。这种对目标用户的精准定向以及地理位置的定向，可以提升品牌传播的效果。

②极强的互动性，拉近与消费者的距离

社会化媒体最大的一个特点就是其作为网络媒体具有强大的互动性。过去在传统媒体上投放广告，通常是单向传输，广告主无法得到消费者的即时反馈；在广告主官网或者博客上虽然也有反馈，但是继续深入地互动则很难达到，这些平台实际上是不顺畅的沟通渠道。但有了社会化媒体平台之后，广告主就可以随时随地让消费者参与到品牌传播互动中来，如企业在自己的微博或微信平台上发布一则企业新闻或者互动广告的时候，消费者可以即时参与反馈，广告主也可以即时与消费者互动并解决消费者的问题。如果广告主能够将社会化媒体平台运作得很好，便可源源不断地为消费者提供不可替代的价值，这对于广告主来说是一笔巨大的财富。

③有利于广告主进行舆论监测和消费者需求分析

由于网络的开放性和去中心化的特点，普通消费者可以在网络上便捷地发表自己的意见。网络还具有放大作用，任何有关企业的小事都有可能被放大，成为危机事件。消费者在社会化媒体上留下的点点滴滴都可以转化成数据，广告主可以依靠大数据分析来监测网络舆论，在危机苗头出现的时候及时解决问题。另外，广告主还可以利用社交媒体大数据分析和预测消费者的需求，为产品及服务的改进和开发提供支持。

④降低企业传播成本，提高企业传播效果

广告主可以通过社会化媒体运作获得大量的粉丝。粉丝的力量是庞大的，如小米在近几年的快速发展过程中，"死忠粉"起到了不可忽视的作用，每当小米发布新品时，这些粉丝会进行主动传播，为小米做宣传，这些口碑传播是没有成本的。如果没有社会化媒体，小米想达到这种传播效果是要花费巨大宣传成本的。此外，社会化媒体为广告主找到网络意见领袖提供了便利，通过发挥意见领袖的带动作用从而推动品牌传播，也能够极大地降低品牌传播的成本。

社会化媒体在营销方面的优势显而易见，但是同时也还存在很多问题。比如社会化媒体营销的可控性差，用户体验不好，投入产出比难以精确计算等。

（2）社会化媒体传播策略的具体要求

①内容策略

以社会化内容为爆破点，打造品牌与大众沟通的核心。

具有社会化性质的内容，并非意味着必须依靠社会化媒体平台才能广为流传。真正脍炙人口的内容，其本身便足够引发公众主动关注和参与传播，再通过社会化媒体的预热，即可联动线下在短期内实现病毒式传播的效果。社会化内容非常看重内容本身，而优质内容可以多种多样，打造优质社会化内容亦有章可循。

首先，优质的社会化内容可以是好事、令人兴奋的正能量。在社会化媒体时代，未来企业的营收来自正能量，这句话不无道理。消费者不只需要更好的产品，他们也希望通过社会化媒体共同创造出一个更好的世界，如强生为了改善背奶妈妈们的尴尬处境，利用社会化媒体发起了"'为背奶妈妈创造空间'的呼吁、申领、分享三部曲"。

其次，社会化媒体的优质内容可以使消费者感受到前所未有的体验，如红牛对 YouTube 史上最多人数同时观看的视频赞助，该视频记录了奥地利男子菲利克斯·鲍姆加特纳的极限展示：他从接近 3.9 万米的高空边缘跳伞，历时 4 分 22 秒平安降落到美国新墨西哥州的预期位置，这创造了载人气球最高飞行、最高自由落体、无助力超音速飞行等多项世界纪录。这项史无前例的极限挑战吸引了大众的广泛关注，YouTube 上数亿人观看了该挑战，令赞助商红牛短期内便收获了极高的品牌形象知名度。

最后，优质的社会化媒体内容可以是同消费者关联性较强的、真实的生活，如印度某糖果品牌由于太受欢迎而经常脱销，落后的物流管理体系让企业无法及时知晓是哪一家杂货店断档。于是，该品牌通过社会化媒体号召粉丝们拍下身边的空货架并上传到微博上，让企业能够及时看到并补货，使消费者能够享受无间断的产品服务。

②媒体策略

以互动整合为核心的运作手段，重聚消费者，构建社会化媒体生态圈。

社会化媒体营销生态圈是以消费者为核心圈层，以社会化媒体平台的信息流（受众选择）为导向，构建"后台服务—前端营销传播链接—信息反馈后台"的循环社会化媒体营销圈层体系。架构这样无缝式、圈层化的社会化媒体营销体系，应从解构社会化媒体平台用户的品牌信息接触与筛选入手，抽丝剥茧。

首先，对于消费者来说，他们在通过社会化媒体平台维护社交关系的同时，也借助这类平台获取、过滤信息。而对于广告主来说，无论是维护社交关系还是选择信息的用户行为，都可能为用户创造接触品牌信息的机会，从而进一步发展用户的后续行为。比如，广告主的社会化媒体营销信息可能刚好和用户兴趣点相契合，或者用户主动搜集相关营销信息并关注、参与互动，甚至主动分享；接下来，如果用户对该产品的潜在需求被激发或本就拥有购买需求而需要更详细的信息以辅助行动时，就会锁定品牌或者企业网站以获取更多信息。但是，在用户"产生关注—参与互动—主动搜集信息"的过程中，用户流会大大缩减，多数用户都会止步互动，而他们正是广告主需要挖掘的潜在消费者。因此，社会化媒体营销生态圈的构建不仅能够通过抓住用户的行为惯性而锁定消费者，搭建良性闭环营销生态系统，而且能在最大程度上避免用户流失，提高广告主社会化媒体营销的投资回报率。

## 二、品牌形象传播的手段

### （一）媒体广告传播

媒体广告传播是指由可识别的出资人通过各种媒介进行的，有关商品（产品、服务和观念）的，通常是有偿的、有组织的、综合的和劝服性的非人员信息传播活动。

媒体广告依然是广告主最为倚重的品牌形象传播手段，但是其重要性正在逐渐下滑。随着传播渠道和手段的日益丰富，消费者的信息接触和消费行为日益理性，广告主对于媒体广告传播手段的倚重程度降低。中国传媒大学广告主研究所的研究表明，从2005年至2015年，虽然媒体广告依然是广告主营销传播的主要手段，但广告主媒体广告费用在整体营销传播费用中的占比波动性下滑，从2005

年的39.1%下滑至2015年的32.6%。此外，在广告主产品销售过程偏重的营销推广方法中，广告的选择比例也略微下滑，从2003年的70.9%下滑到67.7%。

1. 媒体广告传播的优势

（1）本身即可承载品牌信息

广告本身就是承载信息的工具，它对品牌进行直接介绍，将信息迅速传递给消费者。消费者通过广告对品牌形成直观的认识，甚至把观看广告作为搜集品牌信息、形成购买备选方案的重要手段。好的广告总是将品牌信息无缝融合到广告之中。当前广告内容化趋势明显，广告即内容、内容即广告，其中广告即内容的代表为原生广告。原生广告就是将消费者的兴趣需求融合在消费者感兴趣的广告中，微博中的原生广告就是一个微博状态，推特中的原生广告就是一条推文。

（2）传播过程具有可控性

广告传达的信息是由企业控制的，企业在这一信息传播链条中扮演着信息源的角色。广告公司将企业所要传达的品牌信息进行编码，然后选择适合的媒介进行投放，这一传播过程由企业左右。因此，广告能够有效传达企业需要传播的品牌信息，达到既定的传播效果。

（3）传播形式多样

广告的表现形式多种多样，既可借助视觉、听觉，也可借助味觉、触觉等感官体验；既能使用文字、图片，也能使用视频、声音等表现元素。企业能够在品牌个性和传播目标的统摄下，进行创意表现和组合搭配，以达到最理想的传播效果。

（4）传播效果鲜明

不同的广告能够达到不同的传播功效。品牌建设性的广告可以借助高端媒体形成背书效应，对品牌形象的树立和维持具有不可忽略的作用，如部分品牌在中央电视台黄金时段投放巨额广告，即为此目的。销售类的广告可以直击消费者的需求痛点，可以促进即时性的销售，如部分本地电视台播放的商场促销广告可以为商场带来消费者，从而促进商品销售。互动类的广告可以让消费者参与到与广告的互动之中，让消费者获得良好的品牌体验，如某化妆品广告在户外广告的材料中加入了产品的香味，消费者经过的时候就会闻到这种味道，从而被吸引，同时扫描户外广告上的二维码还可以参与小游戏或是获得折扣,让消费者获得有趣好玩的体验。

(5)娱乐性易引发二次传播

广告信息属于品牌信息加工之后的产品。为了使广告能够被消费者接受和喜爱,广告主常在广告中加入娱乐性因素,这会让广告看起来轻松幽默,让消费者不产生抵触心理。如果广告做得好还会引起消费者分享,带动二次传播。广告歌曲就是一个很好的例子,如美国歌星玛丽亚·凯莉在 NBA 广告片中唱的宣传曲《我仍然相信》(I Still Believe)激动人心,让人感受到 NBA 赛场上拼搏不息的精神。这首歌也为诸多 NBA 球迷以及玛丽亚·凯莉的歌迷所传唱,NBA 的品牌形象也随着这首歌的传唱得以加强。

2. 媒体广告传播的劣势

(1)传播花费较大

广告费用包括广告制作费用、广告媒介费用、市场调查费用等。因此,在大众媒体上投放广告对于企业来说是较大的一笔支出,在中央广播电视总台招标的企业动辄花费上亿广告费便可见一斑。因为广告费投入过高,加之经营不善,导致品牌陷入危机甚至倒闭的企业也不在少数,如 20 世纪的秦池酒业、巨人集团等。因此,企业在运用广告进行品牌传播的时候要结合自身实际情况量力而行,同时要优化媒介组合,寻求最好的投入产出比。粗放的广告投放模式是不可取的。

(2)传播效果降低

广告已经成为人们生活的一部分,过多的广告信息在不断分散消费者的注意力。消费者面对海量的广告信息时,主动寻找并接受的程度越来越低,更多消费者会自动忽略自己不需要的广告信息。此外,部分广告制作水平低、格调恶俗、内容虚假,消费者甚至开始排斥广告信息,最终导致广告的传播效果不佳。

(二)公关活动传播

公关活动已经成为广告主愈发看重的品牌传播手段。广告主在品牌传播过程中,对公关活动的选择率也从 2003 年的 26.2% 上升到了 2014 年的 39.3%。国内公关服务行业发展规模的扩大,同样印证了广告主公关活动需求日益提升这一态势。

1. 公关传播的基本特征
（1）以目标消费者为传播对象

公共关系是一定的社会组织和与其相关的社会公众之间的相互关系。品牌公关传播面向的公众就是广告主的目标消费者。广告主必须着眼于自己的目标消费者才能生存和发展，同时在策划和执行的过程中必须始终坚持以消费者的利益为导向。只有真正地关注消费者利益的公关传播才能为消费者所接受；只有弄清楚对象，才能有的放矢。

（2）以建立、维系良好的品牌形象为目标

塑造良好的品牌形象是公关传播的核心问题。打造品牌包括两个层面：一是知名度；二是美誉度。知名度指一个组织被公众知晓、了解的程度，是评价组织名气大小的客观尺度，侧重于"量"的评价，即广告主对消费者影响的广度和深度。美誉度指一个组织获得公众信任、好感、接纳和欢迎的程度，是评价组织声誉好坏的社会指标，侧重于"质"的评价，即广告主对社会影响的好坏，及消费者对品牌的信任和赞美程度。公共传播除了能扩大品牌知名度之外，还能够在消费者心目中树立良好的品牌形象，从而提高品牌美誉度。在消费者心中树立良好的品牌形象是广告主公关传播的根本目的。

（3）以互惠互利为原则

公共关系是以一定的利益关系为基础的，在品牌的公关传播中同样也是这样。"欲先取之，必先予之"，这句话说明了给予的重要性，如果广告主想要通过公关达到传播目的，那么就必须在公关传播中给予消费者价值和利益，坚持互惠互利的原则，在保证广告主公关传播目标实现的同时让消费者得到利益。

（4）以立足长远为方针

公关传播是一件需要广告主长久坚持的事情。"冰冻三尺，非一日之寒"，广告主要想通过公关传播在消费者心中留下不可磨灭的品牌形象，非一朝一夕可以达到，必须经过长期的、系统的、有计划的坚持和努力。

（5）以真诚、真实为信条

在当今时代，消费者变得越来越精明。不要把消费者当成傻瓜，在公关传播上必须以事实为基础，秉承真诚、真实的信条，否则得知真相的消费者可能会在网络上讨论发酵，进而演变成危机事件。在公关传播中要诚实，对待消费者要真诚，通过真诚的态度与消费者沟通，赢得消费者的好感与合作。

（6）以双向沟通为手段

过去的单向沟通时代已经一去不复返了。随着互联网的普及，互动成为当前沟通必不可少的组成部分。在进行公关传播之后，必须时时刻刻注意消费者的反馈，及时处理消费者不满意甚至质疑的问题。如果这些问题不能及时解决，那么由于网络的放大作用，小事可能变成大事，小问题可能变成大问题，公关传播也有可能变成公关危机事件，这是广告主应该注意的。

2. 公关活动传播的优势

（1）传播成本相对较低

公关传播通过吸引媒体报道从而达到传播效果，公关传播的信息一般是免费的，这个特点使得公关传播的成本小于大众媒体广告传播的成本。

（2）可以提升品牌信息的可信度

相对于广告的付费宣传，公关宣传采用新闻报道的传播方式。由于有媒体的背书和第三方证言，更易强化品牌信息的可信赖性，带来传统广告无法企及的美誉度和公信力。美国哈佛大学的列宾教授称之为"信赖性的源泉"，认为"信息经由记者或播音员这类第三者传播后，显得更有说服力"。比如当前某些企业在中央广播电视总台《新闻联播》中被正面报道之后，一般会引起讨论并在消费者心中留下较好的品牌形象。

（3）潜移默化地影响消费者

用"随风潜入夜，润物细无声"这句话来形容公关传播的渗透性和效果最合适不过了。在实际操作中，广告一般追求轰动效应，尤其是在某新品上市期间，广告轰炸虽然可以在短期内让消费者留下印象，然而巨额的广告开支是不可持续的，而且消费者对广告存在抵触心理，广告效果也会大打折扣。而公关活动通过媒体等第三方持续报道，逐步引起消费者的注意，会对消费者形成潜移默化的影响。

3. 公关活动传播的劣势

（1）传播效果难以测量

目前，公关传播的传播效果测量标准还有待完善，不像广告的传播效果可以通过媒体的到达率、转化率等量化数据进行统计。公关传播的效果则常用被提及的次数、专栏的篇幅或者品牌故事在媒体中占用的时间总量来衡量。然而，把这些衡量信息与消费者的行为联系起来是很难的。

（2）信息传播的不可控性较强

公关与广告不同，广告营销人员能够控制大部分广告信息以保证它们的内容、到达方式和对目标受众的影响，并通过不断重复加深消费者印象。但是营销人员很少能控制品牌的公关宣传，因为这些信息都要通过媒体把关人（如编辑或记者）的过滤。媒体不会频繁地报道同一个公司或品牌的故事（否则这种媒体会失去可信度），因此，公关活动要在相同的媒体中创造较高的提及率就更难了。同时，由于媒体把关的存在，公关传播的信息也是不可控的，这对于实现公关传播的目标也造成了一定的影响。

### （三）营业活动传播

营业活动传播又称为销售传播，是指除了广告、公共关系、人员推销之外的品牌形象传播方式，一般是通过增加顾客总价值的短期措施激励消费者或分销渠道成员立即购买某产品或服务。

针对消费者的营业活动传播一般有发放优惠券、样品试用、特价包装、附赠品、退款优惠、消费奖励、以旧换新、现场陈列和示范、分期付款、产品保证等形式。针对中间商的营业活动传播一般有数量折扣、现金折扣、职能折扣、合作广告津贴、经销商销售竞赛、展览会、联合促销等形式。针对推销员的营业活动传播主要有推销竞赛、分红、提成、奖金、实物奖励、旅游奖励等形式。营业活动传播这种促销形式非常灵活，没有固定模式，企业可以根据产品的特点，联合各种促销手段来实施。例如，现场陈列和示范这种形式，看似非常简单，现场推销人员可以开动脑筋、灵活掌握。

目前很多品牌推出料理机，即以前的榨汁机、搅拌机、刨冰机、打蛋器等各种机器的功能合体，多数促销人员在现场陈列和示范时会演示一些厨房常用功能——榨果汁、搅碎谷物、打发鸡蛋等。有些促销员看到现场生活中在家做饭较少、对料理机没有兴趣的年轻人较多，便灵机一动，拿特色水果、牛奶和冰块一起打碎，做出一杯精致的奶昔，一下就吸引了年轻人的注意力，提升了品牌形象，迎合了年轻人的需求，现场销售额立即提升。

**（四）品牌代言人传播**

品牌代言人是指为品牌营利性或公益性形象而进行信息传播服务的特殊人员。品牌代言人的职能包括各种媒体宣传，传播品牌信息，扩大品牌知名度、认知度，参与公关及促销活动，与受众近距离地进行信息沟通并促成购买行为的发生，建立品牌美誉度与忠诚度等。

代言人对品牌形象的传播功不可没，由于受众对代言人的信任，进而转向对企业品牌的信任、产品的信任。但是，企业选用品牌代言人的收益与风险同在，如果代言人本身特点与企业产品风格有明显差异，那么受众可能对品牌没有兴趣。如果代言人因个人原因产生了负面新闻，受众可能对品牌产生厌烦，使品牌形象受损，那么后果不堪设想。

品牌代言人多为名人，知名企业选用名人代言品牌的现象非常普遍。使用频率较高的名人多为体育明星、影视演员、模特、主持人、音乐人等知名人士，这类名人都能够通过大众媒体的广泛传播而获得巨大的注意力的。近年来，有些企业因产品特点而选用非知名人士代言品牌的也越来越多，即所谓的"草根明星"，有些人甚至因代言某品牌而出名。还有些品牌不使用真实的人，而是选用卡通人物作为品牌代言人，如"海尔兄弟""米其林""麦当劳叔叔""康师傅"等，这也不失为一种好办法，毕竟卡通人物基本不会产生负面新闻。品牌代言人可以更换，但不宜频繁变化，以防受众对品牌的定位产生认知上的变化。

以上传播方式的特点和效果各有优势，企业可根据品牌产品本身特点而选择。在品牌形象传播中，企业选择不同的推广方式配合使用，能够得到整合的效果，在实际运作中，应根据媒体环境、营销目标、受众、资金的不同而有所侧重。

**（五）品牌形象的跨界传播**

在品牌形象传播过程中，营销部门可以充分发挥想象力，不但可以进行自我传播，还可以和其他品牌联合，形成跨界传播。"跨界"代表一种新锐的生活态度与审美方式的融合。跨界合作对于品牌形象的最大益处，是让原本毫不相干的元素，相互渗透、相互融合，从而给品牌一种立体感和纵深感。

如在品牌、实力、营销思路和能力、企业战略、市场地位等方面有共性和对等性的两大品牌——谷歌和雀巢，于2013年9月进行了"甜蜜合作"，谷歌的Android4.4是以雀巢公司巧克力的"Kit Kat"的名字命名的，同时雀巢公司提供了5000万份印有安卓商标的巧克力棒。购买特别版Kit Kat巧克力棒的用户将有机会免费获得Google Nexus 7或Google Play的额度，甚至可以得到安卓机器人形状的巧克力棒。这次有趣的合作使得大家都记住了Android4.4的名字和雀巢巧克力，谷歌和雀巢达成了双赢。

一般跨界联合的企业之间不存在现实的竞争关系，合作关系才更容易建立，也容易取得更好的效果。2015年3月京东为了高效抢占市场，与麦当劳谈起了"恋爱"。活动期间在麦当劳全国的门店使用京东App可立减5元，使用"网银+"支付可再减5元，即通过绑定京东手机客户端和"网银+"，引导用户的手机支付。京东是电商品牌，麦当劳是快餐品牌，两者没有实质的竞争关系，但可以因支付方式而结缘，京东在获得了一定的支付市场的同时，麦当劳也完成了一次促销活动。

跨界传播的合作企业由于行业不同、品牌不同、产品不同，要想共同行事，就要求双方企业或品牌必须具备相似的"朋友"，即合作双方要拥有共同的消费群体，这样双方联合起来，消费者才能欣然接受，没有任何情感上的障碍。《冰雪奇缘》中的人物一直为女性消费者所喜爱，从这个角度看，美即面膜与《冰雪奇缘》的消费群体就比较相似。2014年12月，身处暖冬的广州市民被突如其来的一场"冰雪"袭击。在广州地铁公园前站的换乘位置，巨幅迪士尼《冰雪奇缘》系列3D艺术画吸引了大量过往的行人。除了有电影人物安娜（Anna）和爱莎（Elsa）姐妹的美图外，更有难以辨别真假的通往冰雪世界的"窗口"。据30分钟的观察统计，有约90%的行人会注意到这些颇具视觉冲击力的画面，甚至被冰雪"冻住"，驻足欣赏，更有接近一半的乘客拿出手机在画面前自拍，或有闺蜜一起摆出模仿动作留影。

此次冰雪来袭的背后，是国内面膜品牌美即面膜与迪士尼合作推出的一款限量版面膜。据迪士尼和福布斯等数据显示，在《冰雪奇缘》的大量受众中，

18~39 岁的女性群体占主要位置，这点与美即面膜的市场几近重合；而剧中主角苏醒时的奇迹降临，也与美即面膜"美即时刻"（magic moment）的理念不谋而合。早在迪士尼《冰雪奇缘》热映期间，美即面膜就瞄准了这个与自身品牌十分契合的迪士尼巨作。现在该剧虽已下映，但魅力不减，世界各地各种形式的《冰雪奇缘》主题模仿秀、艺术展等活动仍在持续上演并广受欢迎。当冬天来临，冰雪回归，美即面膜与迪士尼通过"膜法"与"魔法"的合作也就水到渠成了。

## 第三节 品牌形象的跨文化传播

### 一、品牌形象跨文化传播的含义

跨文化传播指的是在两个拥有不同文化背景的群体之间的信息传递与交流活动。品牌视觉形象的跨文化传播则是指企业在进行品牌形象广告传播活动时，针对具有不同文化背景的目标消费人群，采取适当的策略与措施，解决因文化间的矛盾冲突而产生的交流障碍，达到有效传播的目的。这很容易理解，当美国品牌耐克的运动鞋销售到中国时，就会在中国发布广告，如何能让中国人看懂它的广告、理解它的品牌文化呢？"JUST DO IT"，意为"想做就做"，这是一种美国式的自由自在。让孩子在卧室里穿着耐克鞋踢球，中国的家长会同意吗？这样的广告能够被中国的父母接受吗？当品牌视觉形象的传播发生在两个主体文化——美国文化和中国文化之间时，就是跨文化传播。

广告的跨文化传播不能简单地理解为跨国广告，尽管我们每天会接触到很多国际知名品牌的广告，如英特尔或可口可乐的广告，都属于跨文化广告传播，但这并不是它的全部。跨文化广告传播既可以发生在不同的主体文化之间，也可以发生在同一主体文化下的亚文化之间。

所谓主体文化也就是"主文化"或"主流文化"，从社会本体意义上来说，主体文化有两个重要的属性——地域性和民族性，各种文化现象都是这两种属性交错衍变的结果，即在某一地域范围内的人（表现为民族）的生活方式以及因这种生活方式衍生出的一切事物。

所谓亚文化，又称"集体文化"或"副文化"，是指在主文化或综合文化的背景下，属于某一区域或某个集体所特有的观念和生活方式。一种亚文化不仅包含着与主文化相通的价值与观念，也有属于自己的独特的价值与观念。亚文化是一个相对的概念，比较宽泛，如果说欧洲文化是一种主文化，那西欧文化就是一种亚文化，同样中欧或北欧文化也是如此。区分亚文化通常可以从自然因素和社会因素两个大的方面进行，上面所谈到的就是基于地理的区分，当然基于各种社会因素产生的亚文化更多。

由于亚文化是直接作用或影响人们生存的社会心理环境，其影响力往往比主文化更大，它能够提供一个更为直接的身份认同。在具有相同亚文化背景的群体中，消费者更容易产生认同感，更容易接受广告的劝服。例如，蓝天六必治的牙膏广告："牙好，胃口就好，吃嘛嘛香，您瞅准噢，蓝天六必治。"这则广告的人物形象是"普通的北方人"（略微肥胖用以表示憨厚朴实），同时操着京腔，伴随着生活化的场景，很容易得到北方消费者的认同。但是相应的，中国的地域文化特点非常明显，南北文化差异非常大，对于南方闽、粤一带的消费者来说，就未必能够体会到广告的风趣。这就是亚文化之间的跨文化沟通。

因此，在对广告的感受中，我们迫切需要知道到底哪些因素在跨文化的传播中起到影响作用，是什么因素阻碍了不同文化之间的交流，以及品牌视觉形象在跨文化传播中的正确策略。

## 二、品牌形象跨文化传播中文化差异的根源

一个品牌由国内市场走向国际市场，不是简单的区域上的延伸和扩展，而是与各国不同文化交汇融合的过程。品牌在跨文化传播中会遇到各种各样的阻碍，其中各国之间的文化差异给品牌传播带来的影响最深。不同地区的文化差异表现如下：

### （一）语言符号

众所周知，语言是文化的载体，每一种语言符号都蕴藏着约定俗成的意义，并与文化密切相关。由于语言文字往往被不同的文化背景和文化经验赋予远超本

身的丰富的意义。因此，有一个普遍存在的现象：在相同或相似的文化背景下，双方通过理解语言文字本身的含义，非常容易达成共识；但是一旦置于一个多元的或者迥异的文化背景和国际市场中，品牌传播将面临语言文化差异，包括语言文字的种类、使用范围、使用习惯、语言多义等，极易产生理解的歧义与沟通的障碍。

例如，美国通用汽车公司生产的"Nova"牌汽车，在美国很畅销，但销往拉丁美洲时却无人问津。原因是拉丁美洲许多国家都讲西班牙语，而"Nova"一词在西班牙语中被译为"不动"，试想一下，谁愿意买"不动"牌汽车呢？相反，"Benz"和"BMW"这两个汽车品牌在翻译成中文时恰到好处，"Benz"译为"奔驰""BMW"译为"宝马"，"奔驰"和"宝马"都给人一种速度快的感觉，这种名字的汽车让人听起来就舒服。

（二）风俗习惯

每个国家和民族都存在着文化禁忌和多年来形成的民族风俗习惯，品牌在跨文化传播中应对此给予足够的重视，只有了解与尊重当地特殊的风俗习惯，才能恰当地传递信息，使品牌传播行为奏效。如果仅立足于自身的文化去看待不同的文化与风俗习惯，那么做出的判断就极易触犯目标国的文化禁忌。这是因为在不同的文化中，一些风俗习惯所代表的意义往往各不相同，有时甚至一些无意识使用的颜色、数字、形状、象征物等都可能潜在地冒犯某种特定的文化习俗。

（三）价值观念

每个国家和民族都有自身的价值观，在企业品牌形象的跨文化传播中，不同的价值取向会使同一品牌传播行为异化，使传播效果有天壤之别。品牌形象作为商品信息与文化信息的载体，必然会融入民族文化特定的价值观念，尤其是当品牌形象本身从传递有形的产品信息转向传递无形的文化附加值之后，更是无形中反映着本民族文化的价值理念。因而，在品牌形象的跨文化传播中，对传播效果产生重要影响的一个因素就是理解、尊重和把握当地文化价值观。文化价值观所反映的思想观念、道德行为准则、世界观和人生观等价值判断，实质上就代表了社会的意志和广大消费者的意志，所以一旦品牌形象传播中传递的价值观得不到本土价值观的认同，甚至引起反感，传播行为和品牌本身就会受到排斥。

### （四）宗教与法律

在品牌形象的跨文化传播中，尊重目标国本土的宗教信仰和法律，是品牌形象传播行为得以进行和持续推进的基本保证。历史上有很多西方跨国企业因为品牌形象传播内容触犯了中东地区的宗教信仰而被封杀的先例，因此，尊重目标国的宗教文化和宗教信仰，避免品牌形象传播行为和传播内容触犯当地宗教禁忌而引发文化冲突，是做好本土化品牌传播的又一重要内容。此外，目前世界上很多国家对企业传播的内容、形式和传播渠道等都有各种形式的限制或控制。例如，一些国家政府会通过立法加强对品牌形象广告传播的限制，包括对广告时长、广告信息、代言人物等的直接限制，且不同国家的法律法规各不相同。因此，在品牌形象的跨文化传播中，必须注意了解目标国的本土法律以及人文环境，知晓并遵循当地政府制定的有关法律法规。

### （五）审美心理

由于不同国家和民族的文化背景不同，审美心理和审美期待也就互不相同，在一种文化中被认为是美的或可以接受的事物，在另一种文化中可能被认为是丑的事物并被排斥。尤其是在东西方文化差异较大的国家和种族之间，这种审美差异和审美距离自古有之。因此，在品牌信息的跨国传播中，一定要充分认识、理解和把握目标人群的审美规律、审美期待、思维方式以及情感表达习惯，要注意与其固有的审美文化心理结构相容，从而使品牌形象的传播符合目标国本土人群的审美情趣和心理需求，通过"文化移情"产生情感联动以及审美联想与共鸣，提升人们对品牌的审美认同感，达到品牌形象传播的目的。例如，海尔产品的主要标志是一个棕色皮肤和一个白色皮肤的小男孩，在法国，许多在超市购物的中年女顾客非常喜欢，会把他们和西欧传统中的天使形象联系起来；在中东地区，这两个小孩就不能出现在产品及包装上，因为这两个小孩没穿衣服。

### （六）消费文化心理

由于不同国家的经济发展水平及居民消费水平不同，人们的消费习惯、消费方式、消费心理以及消费文化也不同，因此品牌形象在跨文化传播中，应充分认识和把握目标国本土人群的消费文化，从而做到精准传播，实现品牌传播的诉求。例如，不同国家的人们对于某些数字往往也有喜欢和忌讳之分，认为某些数字吉利或不吉利。例如，中国和非洲许多国家的人喜欢双数，尤其中国不少地区认为"8"是幸运数字；日本人喜欢将3或5等单数作为吉利数字；西方人习惯以"打"（Dozen）为计数单位；特别值得注意的是，不同地区对某些数字的禁忌：在中国、日本、韩国等一些东方国家，不少人把"4"视为会带来厄运的数字；印度认为以"0"结尾的数字是不祥之兆；在较多欧美国家，"13"这个数字最让人们忌讳，很多宾馆、办公大厦没有设置第13层，12层上面直接就是14层。

### 三、品牌形象跨文化传播的策略

#### （一）重视不同地区文化差异

在企业利用各种资源与手段拓展国际市场、提升品牌价值的过程中，文化差异一直是制约企业国际化的关键因素。不同种族、不同背景的人们在品牌认同和选择方面，呈现出不同的兴趣和偏好。如何跨越文化障碍，回避文化冲突，寻求文化融合，使企业、产品和品牌获得东道国公众，特别是当地消费者的认可，是进行品牌形象跨文化传播时需要解决的问题，通常有以下几个常见的解决方法：

1. 突破差异，给品牌起一个好名字

中国有句古话叫"名不正则言不顺"，拉丁语中也有"名称预示着一切"的谚语。在国际、国内两个市场的竞争中，一些企业没有在产品和服务上打败仗，却在名字和商标上栽了跟头。例如，南京长江机器制造厂生产的"蝙蝠"牌电扇，虽然在国内名气很大，但只因蝙蝠在许多国家被视为邪恶和不洁的代名词，所以在进入国际市场时，不得不将名称改为"美佳乐"。还有国内著名的"大象"牌电池，在欧美国家销售却受到了冷落，其原因并不在于产品本身的质量，而仅仅是因为欧美人认为大象代表着蠢笨。即使像"狗不理包子"这样在我国北方久负盛名的老字号，也因为习俗不同而没能被所有地区的人们接受，所以只得忍痛将"狗不理"改成了"喜盈门"。所以，企业在进行国际化经营和跨文化的品牌传播时，要注意文化的差异。

2. 改变习惯，以说服为主

品牌形象传播要顺应当地消费者的习惯。对于不同文化背景下的消费者的消费习惯，企业在品牌形象传播过程中，千万不能用对抗的方式逆习惯而动。最好的办法是"疏导"。"疏导"的目的是给消费者一个消费本企业产品的新理由，这个理由是其他同类产品所不具备的。由于消费者不可能在对购买产品一无所知的情况下贸然行事，改变自己的习惯，因此企业要说服、劝导消费者，最常用的"武器"非广告莫属。

3. 广告传播，为当地消费者找一个购买理由

跨文化品牌传播的一个重要"武器"就是广告，广告传播担负着让当地消费者认知企业、说服消费者购买产品的重任。不同的国家和地区有不同的社会制度、不同的政策法令、不同的传统风俗与习惯、不同的自然环境、不同的宗教信仰，以及由此形成的不同的消费观念及市场，跨文化传播必须根据这些特点，采取不同的广告传播策略。雀巢公司的产品之所以畅销世界，就是因为雀巢公司在不同国家分别采用了不同的生产线和营销策略，以适应文化、地理、人口、经济差异导致的需求、购买力、产品偏好和购物方式的不同。

（二）借助于各种传播渠道传递品牌信息

1. 官方网站

官方网站是企业发布信息的第一源头。让东道国合作者通过官方网站了解产品和服务的提供者是非常重要的。例如，我国的新大陆集团在开拓市场时，有针对性地建立了当地的官方网站，包括欧洲网站、北美网站等。网站分为公司简介、产品介绍、新闻等几个基本版块。

2. 参加各种专业性国际展会

除了专业性国际展会，全球性体育赛事也是企业开展跨文化传播可借助的重要平台。例如，新大陆集团与海外合作公司一起参加了很多展会，在展会上进行宣传与销售时，其更多的是承担辅助角色，尤其是在促成交易的过程中。虽然新大陆集团也参与其中，但为了克服文化差异、实现更好的沟通，一般是由海外合作公司与意向客户进行直接交流，这样更容易拉近双方的心理距离，使销售过程

更为顺利。

3. 参加国际性论坛

高层管理者参加国际性论坛，不仅可以吸引海内外媒体的关注，还可以体现企业的实力和管理者的眼光。例如，2013年11月1日，时任罗马俱乐部秘书长的伊恩·约翰逊（Ian Johnson）携最新研究报告《2052：未来四十年的中国与世界》来到中国，新大陆集团总裁王晶女士出席了该报告会；2014年11月下旬，王晶女士又参加了在北京召开的亚太经合组织（APEC）会议等。这些事件都被大量媒体报道，为国外公众了解新大陆品牌提供了丰富的信息，提升了品牌的国际地位。

### （三）规避民族情绪的消极影响

所有的民族都会有民族文化优越感，这是对自身文化归属的一种肯定。它表现在对内部文化中已知的和熟悉的事物有着强烈的认同感，和对外来文化中的未知的和生疏的东西有抵触心理。这是广泛的民族情绪的一种表现。民族情绪反应在广告创作中有积极的一面，也有消极的一面。

积极的影响自不必多说，而其消极影响往往表现在两个方面：其一，文化优越感或自卑心理；其二，民族排外情绪。具有文化优越感的广告创作者，很容易以自身的民族文化经历为经验基础，以其国内的见解作为解决异域文化冲突的手段，或者根本对这种冲突视而不见、模糊和淡化文化差异。这类情形在强势文化背景下表现得较为明显。由于西方文化在全球范围内的影响，很多西方广告主都一厢情愿地认为，现代社会每种文化都已经烙上西方文化的烙印。诚然，这种因素的确存在，但是他们往往过分夸大了这种影响，一种文化的价值观和一个民族的道德、行为规范并不是这样容易瓦解的。

存在文化的优越感也就存在自卑感，同样对广告的传播不利，这在弱势文化群体中表现得尤为明显。例如，海尔集团1997年由广东华视广告公司创作出"海尔：中国造"（Hair: made in china）核心广告语，来塑造海尔全球化品牌形象，但成效甚微。原因是这句口号是要为中国人争气，其实是一种弱民族心态。针对国内的受众可能还会引起共鸣，但作为跨国的广告宣传，非但没有起到想象的作用，还会招致相反的效果。因此，海尔最后不得不重新回到"海尔，真诚到永远"这一广告口号上来。

由于受众的民族情绪，对外来产品往往较敏感，这一点经常成为当地厂商制造排外情绪，巩固市场地位的手段。诸如"非常可乐，中国人自己的可乐"之类广告词，就暗含了民族排外情绪。因此，跨文化广告应尽可能避免触及目标国家的民族敏感点。尤其是在掺杂由历史原因形成的民族对立情绪下，一点点的过失就可能对品牌造成极大的危害。

例如，丰田汽车在2003年第12期《汽车之友》杂志上刊登了一则汽车广告，被称为"霸道篇"。在该广告中两只石狮蹲居路侧，其中一只挺身伸出右爪向"霸道"车作行礼状，该广告的文案为"霸道，你不得不尊敬"。由于石狮在一定意义上是我国民族传统文化的产物，蕴含着极其重要的象征意义，有读者指称丰田公司选择这样的画面为其做广告有辱民族尊严。12月4日的《解放日报》也以"日本丰田汽车霸道广告有辱民族尊严"为题报道了该事件，引起了社会公众极大关注。一时间触动了国人敏感的民族情绪，声讨不断。丰田公司做出极大的努力，也不能完全清除此次事件对品牌形象的恶劣影响，教训不可谓不深。

（四）遵守政策法规

不同的国家有各自不同的广告法规，它直接限制、影响跨国广告的运作，广告创作前必须先了解核实清楚。如，德国严格禁止使用比较式广告；日本规定一则电视广告的长度不能超过15秒钟。如果对广告投放国家的法律、政策烂熟于心，广告创作就可以有目的地规避政策上的障碍，实现广告目的，同时也可以避免无谓的损失。

（五）把握好国际化与本土化的关系

1. 创意标准化，表现当地化

品牌形象的塑造在很大程度上依赖于广告的有效传播，由于在跨文化传播中存在的种种障碍，跨国公司或国际性广告公司在广告创作中大多采取"创意标准化，表现当地化"的做法。分析国内各媒体中发布的跨国广告，会发现它大致可以分为两种类型：国际型广告和本土适应型广告。

国际型广告是商品生产国制作的带有该国的文化特征的广告，通常只是对语言文字进行翻译，其他的如创意、图像、音乐等均保持不变，这种类型也可以被称为原版。这种做法的原因有二：

一是建立在文化输出的基础上，主要表现在强势——弱势文化的传播过程中。今天几乎所有的文化都在一定程度上融合了"西方"文化，广告主认为接受地的文化融合足以明白广告的含义，或者广告本身就含有进行文化输出的目的。欧美一些大型跨国公司如耐克、可口可乐等都采取过这种方式。例如，耐克以足球明星小罗纳尔多为代言人制作的系列广告在我国发布时就没有任何调整。

二是需要体现商品生产地的风土人情和文化特质的。商品的卖点就在于生产地的风土人情和文化特质，这种情况下广告无须调整，可以直接使用"原版"，当然从另外一个角度来说，这也是一种文化输出。这种做法转换简单，符合经济的原则，但更需借助消费国文化共同建构，因而在跨文化传播时确切的效果很难评估。

本土适应型广告是根据消费国的市场、消费特点和文化背景，公司委托当地广告师设计创意、制作的广告类型，可以由纯粹的本土广告公司完成，也可能是跨国广告公司和当地合作的分支机构。这种做法主要是基于以下认识，即具有两种不同文化背景的人不可能产生完全的契合，外国人对目标市场所在地文化的认识是不可能超过当地人的。不管如何努力，文化背景的潜在影响不可消弭，强势文化对弱势文化的优越心理、偏见等都会产生无谓的传播障碍。因此，使用本地人为本地消费者创作广告也是一种积极的广告跨文化传播做法。例如，李蔚然为耐克公司在中国市场所拍摄的"anytime"系列广告。其中一部场景是街道路边，爆米花的老人，随着爆米花开炉一刹那"砰"的响声，一个路过的学生就像田径场上的运动员听到了发令枪的枪声一样，做出预备—起跑—奔出的动作。这则广告图像的创意来源是中国20世纪80年代早期的生活场景，对于三十至四十岁的消费人群来说，童年的生活记忆无疑拉近了广告与他们之间的距离。

此外，本土广告设计师能够更好地把本民族（地区）文化传统因素融入广告中，对内文化认同可以增加受众对广告的接受，同时对外把本民族文化传播出去。

## 2. 核心定位标准化与相关要素当地化结合

全球化广告可降低制作成本，形成全球统一的品牌形象，但需要寻找到在各种文化中具有同等效用的广告词，却是十分困难的事。所以跨国广告的一个重要原则是：把品牌的核心定位标准化，允许品牌其他要素当地化。如肯德基的在全球范围内塑造的都是快餐服务，这是品牌的核心定位。但其他要素在不同的国家和地区有所不同。例如，在美国是最廉价的速食品，食物结构是高脂肪和高热量的；在中国，它是一种快餐，但不廉价，而且食物结构也大量增加了蔬菜、谷物。品牌形象的其他要素所指范围非常广泛，可能是产品，也可能是产品名称或其他什么。如宝洁公司在各地广告上都使用同样的广告词"wish-and-go"，但根据不同文化为其洗发水命名。

## 第四节 品牌形象的管理、维护与危机处理

### 一、品牌形象的管理

#### （一）品牌形象管理的目的与意义

从策划设计到导入实施，已完成了品牌形象总体运作中的主要部分，品牌形象得到了良好的体现，各个运作项目亦顺利实施。然而，对于企业来说，品牌形象的树立绝不是一朝一夕的努力就可以一劳永逸，长期的维护和不断的修正完善才是其拥有强大生命力而长盛不衰的源泉。因此，品牌形象的管理与维护，是品牌形象在导入实施以后，企业和品牌策划机构都应当认真考虑的首要问题。

（1）对已完成的品牌形象实施过程中出现的问题及时进行调整和修正，是品牌形象管理的首要目的。虽然在整体策划设计的时候，经过了严格科学的论证、测试和实际调查的程序，但从理论到实践过程中所出现的偏差以及可能产生的认识和理解误区都会直接影响品牌形象的推广和实施成效。及时发现问题并调整运作方向，使品牌形象能够沿着已确定的正确方针和目标得到完美的贯彻执行，就需要拥有一个统筹管理品牌形象运作的管理机构来进行定期的评估、审查、监督

并指导其合理运作。

（2）随着企业自身的发展，新的事业领域不断开拓，品牌形象应具有与原有体系相协调一致的形象特征并充分体现出同时代进步的完美融合。在品牌形象短暂的发展历程中，已出现了许多成功导入实施后仍着力培育其继续成长完善以符合时代要求的成功事例。如"NEC"标志由丰富的锐角组合向圆浑而充满感性的造型形式的改变，反映了企业在事业领域扩展时所要求的适应性广、弹性强的形象特征。

（3）品牌形象的管理体系的有效设置，还可以避免企业在更换管理者时在管理方式等方面出现脱节现象，特别是在更换企业的中层管理者或各部门的主管负责人时，往往由于新的管理人员个性较强的管理方式和组织原则，而使得原有的统一化、规范化经营模式得不到贯彻。品牌形象的管理工作是在保证各个项目始终如一地执行的同时，还能够为补充的新颖的管理形式提供弹性的施展空间。

由此看来，品牌形象管理系统的设置具有重要的战略意义，并且在其有效合理的工作方法和组织结构等方面还存在着许多值得进一步探讨的关键问题。也就是说，为了保证品牌形象管理系统的正常有效运行，需要企业在充分考虑自身实际情况的前提下，选择恰当的管理方法和管理模式。

（二）品牌形象管理的组织机构设置

品牌形象管理的机构设置应当依据企业的具体情况和品牌形象导入的实施情况。一般来说，可以单设一个专门机构从事品牌形象的推广和管理，如果企业规模较小，也可以将其归入企划部门，但品牌形象的管理人员必须是专职的。

品牌形象管理机构的成员最好选择曾经参与过企业品牌形象策划导入实施过程的人员，这样有助于他们对整体形象的理解和管理。成员的数量也应根据企业状况而定，单设机构在5—10人，归于企划部门的成员数量一般为3—5人即可。由于品牌形象的管理机构主要是从事整体策略的监督和指导工作，提出问题和解决方法等具体的事务性工作则由各执行部门去做，所以人员组织在数量方面不必配备过多。

管理机构的成员必须具备综合分析判断的能力和较高的策划能力，在与各部门和企业外部协调时，要具备一定的领导能力和协同合作的组织能力，这是对管理机构人员基本能力的要求。另外，在人员组织时，还要注意针对成员特长素质的配置，力求以最为精炼优化的组合完成全部的工作内容。

### （三）品牌形象管理的系统内容

品牌形象的管理机构在开展工作时包括以下几个主要系统内容：

（1）监督指导品牌形象的运作和实施。管理机构拥有权威性地对品牌形象运作方针方法的解释权，对于导入以后的各项目细节拥有阐述、说明、引申、拓展的指导权力，并监督执行状况。

（2）定期测试评估已导入部分的工作业绩。按照规定的时间，定期对导入实施的各项目进行评估测试，并将结果与预期方针目标相对应，及时发现问题，提出解决方法，呈报企业决策层审议。

（3）把握既定方针，促进并规范新事业领域的开发建设。当品牌的发展超出了品牌形象既定结构和目标时，管理机构应根据原有的品牌形象方针结合新事业领域的发展构想，提出建设性意见和结论，还应当制定出从策划、开发到实行、评估整个过程的策划文案，并协助各主管部门的建设工作。

（4）管理并监督使用各项设计规范。对已经设计完成的各项目设计规范拥有权威性解释权，在品牌形象导入过程中，针对未完成的项目，管理机构有权利督促和指导其圆满完成。许多新开发的项目要通过品牌形象的管理机构确定，方可进行这些项目的设计实施工作，其中，新开发项目的认证、建立及设计都需要由管理机构遵循设计规范的基本原则选择企业内部或外部的设计公司完成，以保证设计水准的统一和规范。

（5）沟通协调各部门的执行工作。管理机构负责定期召开评价会和主题研讨会，召集企业内部和外界相关人员对品牌形象的进展程度和出现的问题进行评估研讨，通过这个过程，可有效协调各部门的工作关系，同时还要定期的以不同形式的传达活动（如品牌专栏、品牌专题新闻等）向企业内部和外界传播关于本企业品牌形象的开展业绩，以增强各相关环境的认同意识。

### （四）品牌形象管理的方式

由于机构组织情况不同，品牌形象管理的方式可分为集中管理和分散管理两种形式：

1. 集中管理

适用于单设管理机构的企业，由于相应的权力较为集中，在管理过程中容易取得一致的结论，并保证运作的统一性和效率。但是，这种形式也容易导致行动迟缓、结论主观性强的弊端，因此需要管理人员具有较高的专业素质和工作能力。

2. 分散管理

分散管理是指以管理机构或专职管理人员为中心，将各项目的管理责任下放到各主管部门。这种形式适用于将管理人员归属于企划部门的企业，由于管理人员分散于各部门，能够取得更为客观性的情报信息，在新的开发和设计计划执行时，也容易获得认同和支持。但是，分散的结果往往容易产生各自为政的现象，需要主要的专职管理人员具备较强的整体把握能力和组织能力。

品牌形象的有效管理是企业将已导入实施的部分推向深入的过程，是保证品牌形象在以后不断地发展进程中仍始终如一地建设和完善的过程，是将企业在新的领域开发设计中的时间和资金投入减少到最低限度的基本保证，这一环节的运作，与开始导入实施品牌形象的各个阶段具有同等重要的意义。

### （五）品牌形象管理的现状

我国企业的品牌形象管理，由于和西方的环境存在着较大的不同，品牌管理会出现特殊的地方。因此，应对我国企业品牌管理出现的问题进行研究分析，以此提出有针对性的建议。

1. 品牌形象管理缺乏规划

虽然很多企业已经在战略上认识到了品牌的重要作用和地位，在企业内部也建立了一些品牌运营的规章制度，但是关于品牌的核心价值和品牌定位等方面的情况了解还不够充分。企业在进行品牌形象管理时，也缺乏规划，更多的是强化企业品牌形象的建立。

2. 品牌过度延伸

自20世纪90年代以来，我国企业在进行市场开拓时会经常使用品牌延伸这一策略。但是现实中由于品牌的过度延伸导致企业品牌失败的案例也不在少数。比如"娃哈哈"从果奶延伸至感冒药。尽管广大消费者对"娃哈哈"果奶已经产生高度的认同感，而对于"娃哈哈"感冒液的宣传广告无动于衷。这种盲目性的品牌延伸不利于企业品牌的发展，也不利于企业品牌的维护和品牌资产的提升，它破坏了企业在消费者心中原来的地位，同时也没有建立起一种新的形象，非常不利于企业的发展。

3. 品牌维护不够

有些企业对品牌的维护度不够，"三株"就是如此。在品牌出现危机时由于没有采取恰当的措施而失去了市场。而一些世界级的名牌由于做好了品牌维护工作使自己的产品经受住了市场的考验而取得了更大的成绩。如1999年6月9日发生在比利时的"可乐门"事件，虽然让可口可乐损失了6000万美元，但通过企业的努力仍然维护了品牌的形象。没有任何一个品牌可以终身成为名牌的，它需要品牌创立者和拥有者不断努力地维护。在当今世界，品牌面临的危机无处不在，企业要做好企业的危机管理等方面的工作，做好品牌的维护与发展。

## 二、品牌维护

品牌形象维护，广义上看便是品牌维护。品牌建立后，要使其能够继续发展，便时时刻刻离不了品牌的维护。品牌维护是指品牌的所有人、合法使用人对品牌实行资格保护措施，以防范来自各方面的侵害和侵权行为。品牌维护包括品牌的经营维护、品牌的法律维护和品牌的形象维护三个方面。

### （一）品牌的经营维护

市场情况瞬息万变，经营者要想经营维护好品牌，就要在具体的营销活动中采取一系列维护品牌形象，保持或提高品牌市场地位的措施。

1. 维持良好的产品质量和服务质量

质量是品牌建立在消费者心中最为牢固的印象，消费者对于品牌的质量认知直接决定了对于品牌形象的评价。因此，要做到日常的管理、评估品牌产品的质量，了解消费者对品牌质量的需求与评价。

2.进行品牌的延伸或品牌的瘦身

当一个品牌发展到一定水平时,品牌可利用现有的品牌资源,进行相关品牌的扩展和品类的延伸。品牌延伸包括水平方向和垂直方向。水平方向指借助原有品牌的影响力,选择产品新领域进行开发;垂直方向指延长品牌的生产线,分为高、中、低端品牌。相应的,品牌瘦身即为水平和垂直方向的减少。

对于企业和品牌来说,品牌延伸是一把双刃剑,其优点是提高新产品上市的成功率、提升品牌形象、降低销售费用、扩大市场占有率、占领更多的细分市场、引导顾客的购买行为、防止顾客流失。品牌延伸的缺点是稀释品牌资产、带来不利的品牌联想、降低品牌质量、改变品牌联想等。

3.品牌特许经营维护

特许经营就是指特许经营权拥有者以合同约定的形式,允许被授权特许经营者有偿使用其名称、商标、专有技术、产品及运作管理经验等。特许经营包括配方特许、品牌或商标特许、经营方式特许、经营理念特许等。品牌特许是主要特许经营方式,出让品牌的使用权能够迅速扩大公司生产规模,提高品牌的市场占有率和知名度。

把特许经营维护得最好的公司是迪士尼公司。据统计,迪士尼公司仅在卡通形象标贴和玩偶制作上的这两项特许经营,每天的经营额约10亿美元,给迪士尼公司带来近1亿美元的利润。

### (二)品牌的法律维护

品牌的法律维护具有权威性和强制性,可使品牌得到最基础和最有力的保护。法律保护品牌商业标记、品牌防伪设计和品牌商业秘密。索尼董事长盛田昭夫曾说,商标是企业的生命,排除万难捍卫之。由此可见品牌保护是第一要务。品牌的法律保护要遵循注册在先、禁止混淆、反向假冒等原则,当品牌维护方发现有侵害自身品牌利益,品牌形象遭到盗用的行为时,可用法律武器进行保护。

根据我国现行法律规定,负责保护商标专用权的部门为工商行政管理机关,即商标保护的双轨制。当权利人发现侵权行为时可以向人民法院起诉,也可以向工商行政管理机关请求处理,以得到应有的补偿、维护和捍卫品牌形象。

### (三)品牌的核心价值与声誉维护

品牌核心价值又可称为品牌精髓、品牌 DNA，是消费者从认同至产生偏好的原因，是一笔无形的资产。核心价值可以通过产品质量的提高或营销传播方法的改善来维护。维护品牌声誉则要做到让消费者在与品牌接触中始终感到满意，在面临品牌负面评价和危机时，要及时妥善处理。建立起品牌与消费者的共鸣，维护好品牌核心价值和口碑声誉，才能促使受众从心里依恋到行为忠诚、从品牌试用到主动诉求，一步一步提升消费者与品牌的关系，并且达到提高消费者品牌忠诚度的目的。

## 三、品牌危机处理

品牌危机是以品牌名义发生的直接影响品牌运营和品牌口碑的突发性威胁事件，组织必须及时实施关键性决策和采取应对措施。

通常来说，品牌危机可以分为品牌风险和品牌危机两种状况。品牌风险是潜在的、偶然的、不容易识别的，当它累积到一定程度后会影响品牌的发展；品牌危机则是突发的、明显的负面事件，往往会对品牌形象造成较大的破坏。

品牌危机爆发存在必然性，但也不排除偶然性。必然性原因多源于品牌公司内部，偶然性原因多源于社会和公司外部，品牌危机爆发的原因，如图 5-3 所示。

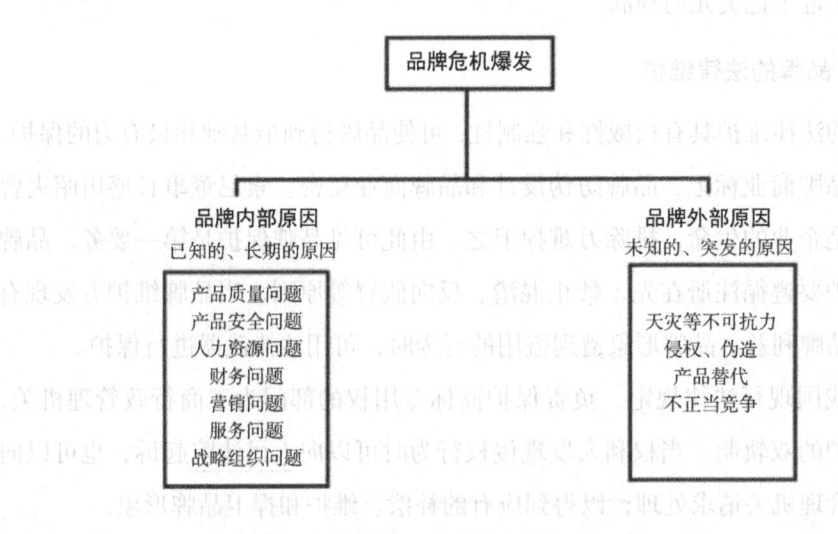

```
                    品牌危机爆发
                    ┌──────┴──────┐
              品牌内部原因        品牌外部原因
            已知的、长期的原因    未知的、突发的原因
            ┌──────────┐       ┌──────────┐
            │ 产品质量问题 │       │ 天灾等不可抗力 │
            │ 产品安全问题 │       │  侵权、伪造  │
            │ 人力资源问题 │       │   产品替代   │
            │   财务问题   │       │  不正当竞争  │
            │   营销问题   │       └──────────┘
            │   服务问题   │
            │ 战略组织问题 │
            └──────────┘
```

图 5-3 品牌危机产生原因

建立品牌危机应对措施应注意以下几点。

（1）建立预警措施。品牌经营者要永远保持危机意识，对于品牌经营过程需时刻监测，辨识品牌发展中潜伏的危机，建立形成一套完整的信息检测系统，防患于未然。

（2）采取有效的应对措施，以沟通为核心，建立良好的公关关系。沟通的成败在短时间内决定了品牌形象影响的范围和程度，管理者需要采取主动、快速、全面的危机沟通措施，才能有效化解危机，如果处理得当，甚至可以提升品牌形象，将危机转化为机遇。

（3）恢复阶段时期，分析危机原因，重塑品牌形象。"危机"一词包含危险和机遇，因此在品牌恢复期，仍须重视对危机的后续处理，找出危机爆发源头，有针对性地进行品牌形象的维护和塑造。如图5-4所示为应对品牌危机的模型，称为"7C"模型。危机爆发后，做到这7点要求，可以达到解决品牌危机和恢复品牌形象的目的。

| Composure 沉着 冷静 | Celerity 迅速 快捷 | Cordiality 城市 诚恳 | Circumspection 周到 细致 | Communication 沟通 交流 | Compensation 补偿 赔付 | Clarity 清楚 透明 |
|---|---|---|---|---|---|---|

图5-4　品牌危机应对模型

# 第六章　新媒体环境下的品牌形象传播

本章为新媒体环境下的品牌形象传播，主要从两方面进行阐述：一方面阐述内容为"新媒体环境下的传播概述"；另一方面阐述了"新媒体环境下的品牌形象传播路径"。

## 第一节　新媒体环境下的传播概述

### 一、新媒体的传播特征

#### （一）开放的存在形态

以信息技术为主的新媒体的存在形态一开始就是开放的而不是封闭的，而且比传统媒体的传播范围更广，更具有全球性。一方面，新媒体依托新技术（如利用数字压缩技术、网络技术等）进行传播，使人们接受信息时受到的时空制约越来越少，获取信息的自由度极大提高，弥补了传统媒体的不足；另一方面，新媒体的传播模式呈网状结构，对信息传播性质等方面的限制越来越少，扩展了个体获取信息和与他人进行交流的广度和深度，任何人在任何时候只要拥有新媒体就可能成为信息的传播者，各种信息都可以通过新媒体得到迅速传播。总之，新媒体把信息的获知权和传播权向大众开放，彻底改变了传统的传播接收关系和时空关系。

#### （二）复杂的传播内容

存在形态的开放性使得传播行为和传播内容的自由性空前提高，也促使新媒体所蕴含的信息内容更为复杂。一方面，新媒体依靠多媒体技术和信息网络，可集电话、传真、电脑、电视、录像等于一体，实现世界各地的信息共享，时政新闻、科技产品、金融财经、文学艺术、求职招聘、旅游交通、休闲娱乐、交友征婚、教育医疗、汽车房产、军事体育等信息在新媒体中并存；另一方面，新媒体多维辐射的传播模式增加了政府控制信息源的难度。新媒体传播的信息良莠不齐、真假难分，其中科学的与愚昧的、先进的与落后的、积极的与消极的、高尚的与低俗的、正确的与错误的、有益的与有害的等不同性质的信息鱼龙混杂，广泛传播。

### （三）海量的传播信息

随着科学技术的不断提高，新媒体越来越成为现代社会信息系统的核心。一方面，新媒体蕴含的信息几乎囊括了人类社会所需要的所有信息种类。近年来，由于数字视频码率压缩技术的迅速发展和超大规模集成电路的研制成功，使利用卫星传送数字广播电视节目变成现实；另一方面，新媒体蕴含的信息容量相当大，而且还在急剧增加。新媒体信息的海量性在其传播载体上（如数字报等）的表现也尤为突出，如《人民日报》电子版的信息容量非常大，在主页上可以调阅到每天的《人民日报》《人民日报海外版》《环球时报》《新闻战线》《人民论坛》《中国青年报》等报刊的内容。新媒体以众多的传播载体为依托，不仅可以承载超大量的信息内容，还可以呈现这些内容的个性化、地区化特色。

## 二、新媒体环境下品牌形象传播的特征分析

### （一）即时性

纵观人类传播的历史，我们可以发现，每一次技术的进步都极大地推动了信息传播的发展，而这些技术的发展正是媒体逐渐突破时空限制的过程。在如今新媒体的影响下，企业发布信息的流程简单，传播以及转载速度快，可以保证信息传播的即时性。新媒体实现了信息的"零时间"即时性传播。特别是移动互联网的出现，让人们可以在任何地方、任何时间都进行消息的传递，这是以前的纸媒、广播、电视时代不可能做到的。

从时间角度看，新媒体具有更强的即时性。新媒体环境下，企业品牌形象信

息的发送与接收都能在极短的时间内完成，大幅度提高了媒介传播效率。避免了传统媒体经常出现的由于接收反馈不及时而造成损失的情况，使信息的时效性得以加强。品牌设计和宣传的数字化是一种必然趋势，尤其是随着互联网信息技术的提高，人们生活水平的提高，多媒体设备的普及，越来越多的人通过手机和电脑来获取消息，品牌通过网络宣传的重要性和便捷性就会凸显出来。举例来说，同样是服装类的产品，两个品牌一起推出的新一季的服装，一个品牌通过网络发布了消息，而另一个则没有，显然发布消息的品牌就占领了先机，而这种消息的发布也很简单，比如在知名视频网站上传发布会视频，或者在官网更新页面，传递的时间比传统媒体更短。另外，通过新媒体，企业还可以很轻松地获得客户反馈，通过网络调查问卷，分析网店产品的销售数量等方式，就可以了解客户对产品的满意程度，从而研发出更符合客户需求的产品。而传统的方式则是通过人力去进行问卷调查，要印刷，要人员配置，要进行反复的数据统计对比，网络问卷调查只要进行问题设计和页面设计就可以了，不仅参与的人轻松，在收集数据的时候也可以通过电脑直接得出结论。

从空间角度看，新媒体进一步突破了信息传播的地域性。虽然广播、电视的传播技术理论上能达到全球化传播的效果，但是在实际操作中，由于各个国家或地区的政治、经济、文化等因素的限制，传统媒体的覆盖范围往往被局限到特定空间内。然而新媒体主要是依靠网络进行传播的，只要有相应的接受设备，新媒体的覆盖面积几乎能达到全球的每一个角落。网络化和信息数字化发展促进了信息交换和接触，品牌形象通过网络媒介传播至全世界，使得市场的介入更加快捷即时。

### （二）互动性

传播行为的初衷是实现信息传播的接收者（受众）有效接触信息。但由于信息技术和信息接收工具等限制，受众在接收信息的时间和方式上缺乏自主权和选择权。在信息网络化时代，信息接收者拥有相对自由的自主权和选择权，对整个信息获取过程享有一定的控制权和能动性，信息接收的内容也更加丰富。从信息流向的视角来看消费者依旧可以视为受众，但是其本质已经发生了改变并有了一定的提升。消费者已改变了获取品牌信息的习惯，从原来的被动接受到现在的主动了解，消费者已经不再是单一的品牌推广的受众，同时也是品牌推广的"推手"，他们在为亲朋好友分享自己喜欢的品牌时，也会获得来自其他人的推荐。总之，企业应该适应受众群体的发展和行为习惯，利用现代化网络技术加强和用户之间的沟通和互动，积极培育用户的行为使其成为品牌的传递者。

基于网络的新媒体与传统媒体相比最突出的优势就是互动性强，这也是企业重视利用新媒体来传播品牌形象的重要原因。传统媒体无法有效与用户互动原因就在于其传播的方式。比如报纸和杂志等纸媒借助视觉来实现信息的传递，广播则是通过听觉与用户沟通，电视运用了视听结合的方式进行信息传播。随着人们生活节奏加快以及获取信息的迫切程度，传统的印刷制品受制于出版时间和版面结构的限制，影响了用户的体验，从而降低了用户对它的需求。广播需要通过设施设备来实现声波的接收和处理，固定的播放时间无法具备时效性。电视虽然能提供同步且丰富的视觉听觉信息，但是在传播品牌形象过程中，受众想象和思考的空间不够，电视媒体也难以提供用户与品牌互动交流的机会。

区别于传统的传媒方式，互联网以多元化的方式适用于多种媒体环境和系统，增进了与用户之间的交流和沟通，弥补了传统媒体在传播模式和沟通上的不足。互联网传播还具备了跨时空性的特征，网络化、数字化技术能够展现出立体的品牌形象。新媒体其本质上综合了纸媒和电视广播等媒介的特点，有效地将文字、图片、音频等有机地组合在一起，以多元化形式展现出来，将更加形象和生动的品牌传播至社会公众面前。

网络利用自身技术优势，能够提供品牌共享社区和虚拟体验，吸引并诱导用户参与到关于品牌的讨论和创意感受中。例如宝马、耐克等品牌都推出了网上个性化定制的服务，以用户为中心，自己设计专属风格（配置）的产品。当下，企业品牌形象强调用独特性和差异性以区别其他企业品牌，在传播模式上更要突出个性化以此捕获消费者的眼球。网络传播以全面性传播信息源为特点，加强与用户的互动和交流，实现用户积极参与品牌信息传播的目的，并对用户形成一定影响，在用户心中树立起品牌的立体形象。品牌依托网络媒体能够让更多的用户参与和接触到品牌，常见的网络形式有贴吧、社区、部落联盟、网站等社区媒体，微博等营销工具积极与用户开展互动活动。网络模式下的互动行为具有高互动性，品牌形象从用户的习惯、爱好、兴趣等大数据出发，积极培养用户的参与习惯并及时反馈信息，以多维度和多频次的互动活动在品牌和用户之间建立密切的关系。为此，网络模式下的高互动性对品牌形象的推广和传播有着积极的作用和深远影响。

### （三）渗透性

新媒体的技术手段绝大多数都是依靠互联网实现的。中国互联网发展模式不断向规范化和合理化发展，形成了一定的价值体系，同时移动端的互联网发展则促使消费者消费模式的转变，具有多元化场景和共享化特点，终端设备智能化水平进一步提升。而目前所有的现象表明网络已经渗透到人们的各个领域，在日常生活、娱乐、教育、工作等都有其身影。国内人口基数大，网民规模也大，他们对网络信息发展和传递有着一定作用并且不容忽视。随着网络媒介的多元化和数字技术的智能化，手机、笔记本等智能化设备出现在人们的生活并扮演着重要角色，它们依托网络传媒推进对品牌形象的传递。用户对于网络新媒体产生了一定的依赖。新媒体发展之初，人们只能通过笨重的台式电脑参与新媒体的传播，烦琐的操作并不利于新媒体的普及，伴随着移动互联网、无线移动技术的发展，通过接入网络，智能手机便成了人们参与新媒体传播的主要渠道。接收设备的便携化与功能多样化为新媒体发展提供了一个非常广阔的空间。基于这种新的传播手段，企业品牌形象已经渗透到网络电视、企业网站、微博、微信公众号等各种各样的媒体平台及终端设备上，人们可以随时随地地接触到企业品牌形象。

### （四）准确性

在传统媒体时代，企业品牌形象在传播过程中由于技术和载体的限制，很可能导致企业总部与分部之间、企业部门与部门之间的传播出现差错，造成企业品牌形象上的混乱感。即便是有企业形象识别系统手册的规范与统一，但是在各个环节的使用中还是避免不了有错误的出现。例如，在纸媒或者是车体等载体上的传播，可能会产生标志的变形或错误组合、标准字体的错误使用等，总会出现一些执行上的不准确。在新媒体时代下，企业通过数字技术和网络的统一管理执行，使得企业品牌形象在各个环节的传播中信息不会出现任何的损失或者差错，保证其传播的准确性。因为企业任何需要传达给受众的信息，决策者和设计者在最开始设计的环节就已经对其进行了数字化的约束，并且已经制作、管理和储存好了，在需要的时候直接通过网络技术传递到各个媒体上进行统一准确地发布，最终直接被受众所接收。

## 第二节　新媒体环境下的品牌形象传播路径

### 一、传统网络传播

传统的网络传播可以伴随互联网技术的升级拓展功能，目前传统的网络传播方式是消费者进入企业网页，深入了解产品，与品牌进行互动沟通。

#### （一）网络广告传播

传统的网络广告主要包括图标广告、对联广告和插入式广告。

（1）图标广告，其设计方式是用一个醒目的图标、旗帜或按钮作为引擎，消费者点击图标会弹出详细的广告传播内容或到达广告企业的网站。

（2）对联广告，指在页面左右对称分布的对联式广告，其优点是不干涉浏览者的视觉焦点。

（3）插入式广告，又称弹出窗口，当浏览者打开页面时会跳出一个略小的页面，显示广告主的广告，这种方式是强行推出广告，可能会干扰浏览者的正常活动，容易引起反感。目前一些新的浏览器都设置了弹出广告的拦截功能。

新媒体环境下品牌形象传播的重要特征就是链接，网络广告可以作为一个企业品牌网站或互动平台的链接引擎，如果消费者对品牌感兴趣，可以通过广告连接到企业网站或互动平台，深入了解品牌产品、品牌定位、品牌文化等，也可以进入互动链接与品牌网站进行互动和信息沟通。

#### （二）电子邮件传播

电子邮件广告可以分两类：一类是新闻信件，以提供新闻或信息为主，是信息附加型的电子邮件；另一类是商业广告电子邮件，这类邮件经常被称为垃圾邮件。电子邮件可以做成企业网站的链接引擎，引导消费者深入了解企业产品、品牌定位和文化，也可以通过有奖活动吸引消费者参与品牌的互动沟通。

### （三）搜索引擎传播

搜索引擎可以满足消费者了解产品信息和品牌信息的需要，也可以通过对关键词、页面等进行优化，使消费者更加方便地获得信息。搜索引擎与地理信息链接可以便于客户随时随地获得品牌服务。

搜索引擎传播主要依靠广告主采用付费排名的推广方式，即在关键词或引申关键词的搜索结果中，按广告商的付费多少而排位。付费多则排位靠前，而排位越靠前面，点击率就越高，获得消费者的机会也越多。搜索引擎广告针对有需求的消费者设计，具有较强的针对性，也可以帮助消费者在比较分析中分清良莠。

除了付费排名外，搜索引擎还可以通过 SEO（Search Engine Optimization，搜索引擎优化）提高关键词排名次序，增加客户进入品牌网页的机会。通过网页目录和页面优化，为企业网页带来流量，用内容发布和链接布置把整个网页有机地串联起来。建立网站地图，根据自己的网站结构，制作网站地图，让网站对搜索引擎更加友好化，便于访问整个站点上的所有网页和栏目。对于 SEO 来说，建立高质量的友情链接，可以提高网站的排名级别以及网站的更新率。

### （四）应用程序平台传播

企业为实现以自我为中心的网络传播，会主动帮助消费者解读品牌信息。为了方便把感性的、单向的、教条式的内容切换到双向的、交互的、动态的、生动的传播内容和画面，企业往往会构建专门的应用程序平台。构建专门的应用程序平台有以下三种情况：一是选择构建自己的应用程序平台，如企业可以为自己的品牌设计网页，为消费者提供更加详细的品牌展示、产品型号、功能定位等方面的信息，快捷有效地进行消费指导和提供体验服务；也可以为品牌设计官方微博、微信等，消费者通过扫描二维码或发送短信的方式下载应用程序，即可快速获得 VIP 服务，并通过程序平台管理自己的账户，分享独有的体验并同步到个人社交平台，及时获得品牌的最新促销活动信息并传递给其他用户。二是通过企业的

App 与企业网页链接，并在网页中设计互动内容平台。三是通过 HTML5（简称 H5）页面游戏，凭着无须下载、即点即用的优势，以奖励等多种形式吸引消费者关注，使消费者主动参与到议题或话题的互动沟通与讨论中。

## 二、网络互动传播

移动互联网的出现是我们这个时代的"蒸汽革命"，企业不可避免地要去面对其对品牌形象传播形成的巨大机遇和挑战。移动互联网时代的用户随时随地都携带着智能手机，并可随时随地使用手机参与到品牌的传播中来，这给用户提供了一个全新的、非常重要的互动参与平台。小米科技创始人雷军曾说过，互联网思维最关键的就是两点：第一是用户参与，即群众路线；第二是方法论，即互联网七字诀：专注、极致、口碑、快。

品牌的网络互动传播包括以下几点：

### （一）信息接收者变为信息的主动传播者

由于新媒体的迅速发展，在移动互联网这个平台上，品牌形象传播由传统的一点对多点的单向传播变为多点对多点的立体网络传播。企业抓住这个特点构建了"粉丝"群，通过既有趣好玩、又具有学习价值、还符合"粉丝"所在圈层价值观的内容引导每个人参与信息内容的互动沟通，将广告变成话题性的内容，植入到"粉丝"互动的场景中，使品牌的推广广告活动变得趣味生动，有利于形成品牌与"粉丝"群的共同价值观。

### （二）购买和消费过程中的互动传播

在信息分享与互动的时代，一个存在各种"植入"的时代，成交是继续营销的开始。在传统营销中，当一个客户购买完产品或者消费完后，基本就意味着销售过程的结束。但在新媒体环境下，一个客户成交的完成是其他潜在目标客户消费的开始。客户在买到了一件称心如意的产品，或者有了一次感觉非凡的消费体验后，常做的事就是拍照片、发朋友圈、发微博、在购物 App 上写用户评语或给商家打分。在这一个随手发送的过程中，产品的使用体验、消费过程的服务体验、到货是否快捷、产品或者服务是否完美等，都通过互联网一目了然地呈现在潜在买家面前。小到餐馆订餐，大到几十亿的合作，成交完或者签完合同拍照留念，然后发微博、发朋友圈，时间很短，动作简单，但是却完成了在目标人群中口碑传播的全过程。

品牌不再只靠企业自己来宣传，用户成为企业真正的关注重心。企业需要颠倒买卖逻辑，通过打造共同点拉近与消费者的关系，使消费者和企业成为一个阵营的人。用心维护好客户关系，给客户一个完美的消费和使用体验，让消费者主动成为为品牌摇旗呐喊的好帮手。

### （三）品牌与客户的互动传播

品牌与客户的互动主要分为以下两个方面：

一是客户参与到产品的设计和开发中，使产品的研发做到根据用户的使用反馈去开发新产品，最终产生更贴近客户、让客户满意的产品。在品牌的"粉丝"群里，如果能通过品牌与"粉丝"的互动，确切了解他们需要什么，慎重考虑他们的建议，就可以聚集他们的集体智慧和意见，完善品牌的产品和服务。更加仔细地去倾听消费者的想法，积极地去迎合他们，这是对消费者最大的尊重。一个包含了自己想法的产品，对自己而言何尝不是一种荣耀，即使只有一点点都足够了。

二是品牌为宣传品牌文化、品牌个性、品牌形象传播的新主题、新话题，而为广大消费者设计的有奖互动活动。

### 三、微博传播

微博是移动互联网的互动平台，是基于用户关系信息分享、传播以及获取的平台。用户可以通过 Wed、Wap 等各种客户端组建个人社区，以文字和图片的形式传递信息，实现即时分享。微博传播信息快、覆盖面广，是博主一对多、多向错落的弱连接关系，是开放的扩散传播。

#### （一）微博传播的优势

**1. 更广的覆盖面**

微博平台可以为产品推广活动带来更大的覆盖面。当前我国微博用户已经突破3亿，占中国互联网网民的61%，绝大多数是二三十岁的年轻人，文化层次较高，善于接受新鲜事物，有较强的消费能力。微博是汇聚企业目标消费群体的"富矿"，企业可以在微博上赢得更多目标消费者的关注和喜爱。

2. 更高的精准度

微博平台可以为产品推广活动带来更高的精准度，因为微博用户具有信息自主权，他们可以使用"关注"或是"不关注"来筛选出自己感兴趣的微博信息。那些不感兴趣的消费者不会参与微博平台的产品推广活动，从而使得活动参与者基本上是产品的目标消费群体。高精准度提高了产品推广活动的成功率。

3. 更大的便利度

在微博平台开展产品推广活动，便利度较高。一方面，企业微博可以使用文字、图片、视频等形式来传递极为丰富的活动内容，而微博用户可以通过手机等移动终端设备随时登录微博了解活动信息，并可以在第一时间发表自己的观点或进行评论，与企业实现零距离沟通；另一方面，微博用户还可以用"转发"等方式使得活动信息在微博平台上实现大范围快速传播。此外，微博实时互动的特点也使得消费者乐于参与和尝试微博平台上的产品推广活动。

**（二）微博传播的策略**

1. 利用官方微博实现品牌的建立和传播

通过有趣味的热点话题，吸引消费者关注品牌的官方微博，加入互动环节，并把热点话题放进自己的微博群中推送。这是一种借话题激励消费者友情互动、通过热点的趣味性推动消费者之间相互分享的传播形式。

星巴克曾利用微博以及线下的上千家门店完成了大量品牌与用户的互动活动，通过点对多的传播优势，将自己的品牌促销活动有针对性地送到了客户的移动终端，在其中加入的互动元素得到很好的反馈，给用户留下了很深的印象。例如，2014年春节期间，星巴克通过微博分享当日点单优惠与线下门店同步配合，出色地演绎了O2O（Online to Offline，线上到线下）的搭配互动，让用户在获得趣味的同时得到了方便和优惠。星巴克也经常利用微博维持与客户的关系，2013年星巴克推出《自然醒》音乐互动专辑，由顾客通过关注星巴克账号并分享当天的心情，再由星巴克官方微博从专辑中挑选出最适合用户心情的一首歌曲来回应。

### 2. 培养品牌"铁粉"

"铁粉"有两种情况。一是企业的品牌"铁粉",企业可以采取有奖活动等方式,让消费者扫描二维码关注微博或者进入个人社交圈,构建企业的粉丝群,通过微博发布品牌信息、传播品牌文化,实现消费者"有需要会去关注,没需要不被打扰"的需求;或者通过热点话题推动企业品牌与粉丝的互动,培养忠诚的品牌"铁粉"。二是企业领袖的品牌"铁粉",通过企业领袖个人的知名度、魅力和影响力,在微博的粉丝群中树立行业影响力和号召力,与消费者建立关系,构建更大的"粉丝"群并培育"铁粉";也可以在微博粉丝群中,发现具有众多自己"粉丝"的意见领袖,每年可以设置一定的活动资金,通过赠品、奖励、聚会等方式,把他们变成"铁粉"。培养品牌"铁粉"的意义就在于能在一个领域内,把具有相同爱好和兴趣的人聚集成一个社区,相互之间推荐、分享、评论品牌,提升品牌的传播力,并通过他们扩大"粉丝"群体的范围。

### 3. 讲好故事

把品牌定位、品牌文化、品牌个性和主题宣传活动转化成喜闻乐见的品牌故事,通过不同级别的"铁粉"在官方微博中传播品牌故事,打动消费者。

### 4. 发布内容要新颖、有吸引力

企业有目的地进行微博推广就必须选择恰当的营销手段,如果一味地对产品进行描述,微博内容就会显得非常枯燥,会给人一种完全推销的直观感觉。因此,微博发布的内容应是新颖、有吸引力的,只有这样的微博才能被转发,达到广而告之的目的。所以,企业在发布微博时要精心编制,以实现在无形中营销的目的。

最普遍的企业微博推广方式是借助热点事件,将企业产品与之紧密结合,吸引微博粉丝,同时也推广了企业的产品。归根结底,只有能够吸引关注的微博才能引起更多人的阅读兴趣,才能达到信息推广的目的。

### 5. 发布内容具有持续性

互联网目前的信息更新速度是相当快速的,企业要想保证粉丝对某一特定信息的持续关注,就应该持续地发布相同信息的微博,以引发人们的高度关注。相同信息并非指完全相同的微博内容,内容重复的微博会让人反感。企业在微博内容主题选择上要时刻推陈出新,保持微博内容的新鲜感。只有内容跟得上热点、信息相关度高的企业微博才能实现微博推广的目的，才能帮助企业树立良好形象、打响品牌。专业的微博营销人员不是对热点话题突如其来的创新，而是每天按时对微博话题进行搜索和整理，然后结合企业自身产品，对相关信息进行预热，进而广泛传播。

微博营销和企业的其他营销形式是大同小异的，都有周密的策划方案和实施营销的组织机构，专业营销人员对每天的热点事件都非常敏感。微博营销中最少不了的就是专业化团队，每一个微博营销的成功都是团队不断积累的结果。

6. 强调互动

任何一种推广活动都离不开互动，微博推广更是如此，企业和粉丝之间的互动是树立企业品牌的重要步骤。及时地回复跟帖，不但能够充分了解消费者需求，更重要的是，企业的服务态度和品牌形象有了很好的展现，拉近了企业与消费者彼此的距离。

在企业的微博营销中，"粉丝"起到了非常重要的作用，只有"粉丝"觉得有趣好玩的信息才会被快速传播，这也是微博营销要努力追求的目标。让受众感觉到真实、没有距离，才能够使信息更多地被接受，获得更多的转发。企业必须做好每日工作，对热点事件进行有趣的创作和传播，完美地实现品牌与热点的结合，最大程度地吸引关注，增强"粉丝"的好奇心和参与的诉求。微博营销中的互动环节是至关重要的，对"粉丝"的评价要及时回复、不敷衍，或许一个简单的回复就能带来意想不到的收获。

### 四、微信传播

近年来，由于4G技术的日臻完善和5G技术的广泛应用，依赖于网络的微信开始成为开展企业品牌战略的重要手段。尤其是微信公众平台的投入使用，使得企业、名人、媒体等纷纷加入微信家族。打开微信，你会发现这个平台中有许多企业的公共账号，也就是企业微信，但是有的受众多，有的则少得可怜，为什么？因为微信虽然是企业品牌营销的一种手段，但想要真正实现其意义，就得通过一定的战略战术。

## （一）微信传播的特点

### 1. 真实客户群

相对于微博、人人博客等社区网络来说，微信以智能手机为客户终端，有着大量真实的客户群体。企业通过微信平台能够真实了解客户的所想所需，从而确定产品营销战略，进一步挖掘潜在客户。

### 2. 高到达率

与博客、手机短信、电子邮件不同，微信具有很高的到达率。而信息能否准确无误地发送到客户终端，决定了客户能否通过这一途径了解到最新产品或服务讯息。以往的短信接收，往往因为信号不好而中断或信息显示不完整，使得惊喜多多的企业邀请不被大众所知，而耽搁活动计划。

### 3. 广泛亲民

相对于以往的沟通手段来说，微信具有很高的人气，它凭借自身独有的魅力、亲民的风范吸引众多民众加入，甚至已经超过短信和QQ等成为主流信息接收工具。而面对企业公共账号，用户往往也是主动订阅获取信息，免除了垃圾或不良信息的侵扰。

## （二）微信传播的技巧

对于企业而言，想要通过微信来推广自己的品牌，最主要的是看清自己的产品优劣。此外，还要弄明白什么样的用户使用微信最频繁，利用微信都做什么。有的用户利用微信是为了收发公司文件或资料，有的是因为其方便的语音功能，而有的则是为了交朋友、纯聊天。因而，对待不同的用户群体，企业要采取不同的微信传播方式。

### 1. 漂流瓶传播

漂流瓶最初发源地为QQ邮箱，是一种广受好评的与陌生人简单互动的方式。腾讯公司将其移植到微信中，大体保留了原始的简单风格。用户可以将语音或文字塞入漂流瓶中，扔进大海，任其漂流，等待有缘人捡起。待瓶子被捞起打开后就可以与对方进行对话，当然每个用户捞瓶子的机会是有限制的。漂流瓶有一定的随机性，对于用户来讲只是为了消遣时光，但企业如果利用漂流瓶来推广品牌的话，就很容易使用户厌恶。因而，企业采用这种方式时更加应该灵活和有趣，不能太过专一和刻意。

如早在 2012 年时，招商银行发起了一个微信"爱心漂流瓶"的活动，微信用户只要捡到一个招商银行的漂流瓶，招商银行便会通过"小积分，微慈善"平台为自闭症儿童捐赠积分，这个简单却又可以做善事的活动吸引了很多用户参加，从而拓展了企业品牌知名度。

2. 二维码传播

利用微信，企业可以设置富有品牌特色的二维码，并通过发布最新产品信息吸引用户关注。

智能终端的沃土使得二维码长势凶猛，人们通过手机扫描二维码就可以将现实与虚拟世界连接起来，挖掘丰富资源，随时随地了解产品信息和最新优惠活动等。因此，作为品牌信息发布方的企业，也十分有必要充分利用二维码这一特性，完善企业品牌二维码建设，创新二维码设计，推动品牌信息传播。

3. 朋友圈传播

通过朋友圈，企业可以将不同的精彩内容快速分享给用户，当然，用户也可以将自己喜欢的产品分享给朋友圈的人。对于企业来说，朋友圈是一个没有"腥风血雨"的营销江湖，鱼龙混杂却又百花齐放。在这里，制造红酒的企业可以发布浪漫的法国风情图片或罕见的法国庄园独藏红酒产品图，画廊也可以展示自己不同的作品。撇开硬性广告，这种无心插柳的做法反而能起到广而告之的作用。

4. 个性签名传播

个性签名相当于 QQ 里面的签名档，用户打开聊天窗口或查看详细资料时都会看到，企业如果利用好签名档，就相当于在高速公路上设立巨大的广告牌，能够有效地宣传自己，提高品牌知名度。当然，不是所有人都会上高速公路，个性签名的宣传也不可能覆盖所有的人群。尽管如此，企业也应注重自己的个性签名。

### 五、百科传播

所谓百科传播，就是借助百科知识传播，将企业所拥有的对用户有价值的信息（包括行业知识、产品信息、专业研究、企业文化以及经营理念等）传递给潜在用户，并逐渐形成对企业品牌和产品的认知，将潜在用户最终转化为用户的过程及各种营销行为。目前，比较著名的百科网站有维基百科、互动百科、百度百科、360百科等。可以说，百科不仅是工具书，更是一种知识性的营销媒体。

（一）百科传播的主要形式

1. 词媒体营销

词媒体的代表就是词条了。词自古以来就是信息传播中最为浓缩的因子。比如，我们平时说的"80后""90后"，这些词就鲜明地代表了一个时代或一类人群。这在企业营销中仍然有重要的作用，举例来说，苹果公司就很注重词媒体营销，很少有人记得苹果公司所做的广告，但苹果公司给大家创造的"iPod""iPhone""iPad"等词却给人们留下了深刻的印象，从而具有很强的营销穿透力。

2. 企业百科营销

我们通过前面所述已经知道，百科媒体具有树立企业权威的定义权，所以，企业的品牌可以以百科知识的形式进行权威表述。举例来说，企业推广产品时用的一些"广告语"，大家看后未必会信，但如果从百科中看到该企业简介也有这条"广告语"，感受就会大不一样，人们会觉得该"广告语"是企业自身属性的一部分，从而改善对该广告语的认识。可见，在百科中增加企业简介，并融入企业相关的广告语，将具备独特的妙用。

3. 行业百科营销

任何行业、任何产品都是一个细分的知识库，顾客在选购商品的时候通常会更加青睐产品所属行业中的优质企业。基于此，企业在进行百科营销时，可以积极支持行业百科的建设，并在百科中为消费者答疑解惑，这有助于确立企业在行业中的领军地位。假如顾客搜索某一个行业，在对这个行业的介绍中就能够出现本企业的名字，这在一定程度上能够增强顾客对企业形象的好感。

4. 特色百科营销

在百科营销中，还有些特色百科营销会吸引人们的注意。比如，一些地方关于本地介绍的百科建设、名人百科建设、企业家百科建设等，都可以作为企业进行百科营销的阵地。

## （二）百科传播的方法

### 1. 建立企业百科

无论企业的历史是否悠久、企业的品牌影响力有多大，一个正规的企业介绍文档总是被消费者作为重点参考的。很多企业会重视企业网站的宣传作用，但相对来说，企业网站传播的内容毕竟是"一家之言"，在顾客看来，公信力和权威性稍微弱些；但顾客从百科知识中获得对该企业的认识后，信任度会在一定程度上增强。为此，企业可以在百科媒体上创建自己的企业百科。创建时既可以用词条形式，也可以用小百科形式，然后把企业网站的简介部分直接连接到百科媒体，从而获得更大程度的权威证明。

### 2. 适当投资于行业百科

表面看来，企业关注、投资于行业百科，仿佛是企业在花自己的钱为整个行业服务。其实，无论哪个企业，只有先把自己放在行业代表的位置上，才能逐渐成为本行业的佼佼者。

为此，企业不仅要投入一定资金，还要用心进行行业百科的编辑。在建设一个行业百科时，一定要以行家的身份参与内容建设，并亲自回答用户关心的问题。

### 3. 适时推出新产品、新概念

当今的市场竞争，由于产品逐渐趋于同质化，因而竞争日益激烈，不断创新已经成为各个企业的共识。在这种情况下，企业只要有创新的举动或理念，就需要向用户诉说，彰显出自己的差异性。因此，倘若企业能够选择适当的时机，在百科中创造相应的产品概念，可以在一定程度上增加产品的影响力。

## （三）百科推广的注意事项

有些企业进行百科推广时，只是直接将公司名称创建为百科词条或小百科，这是不够的，还需要进一步完善。因为用户通常是按自己的需求进行查询，所以企业应该紧紧把握行业信息、生活知识，这是百科推广的前提。在撰写百科时，由于这是一种知识性的推广方式，要给人权威、客观、中立的感觉，所以，在百科中一般不要加入广告，否则会让阅读者感到不信任甚至厌恶。此外，在撰写百科时还要掌握知识量的投放，如果知识过于深奥，读者就难以理解和消化；若是过于简单，又会让读者觉得有些浅陋。所以，百科营销讲究"简而精"，越简单易懂越好，越精越好。

## 六、品牌社区传播

在新媒体环境中，互联网为社区成员的互动沟通提供了一个方便的平台，互动沟通可以更方便，内容可以更随意，沟通的话题传播速度更快、范围更广。

### （一）品牌社区构成与品牌形象传播

品牌社区的主导者可以是企业，在企业网页上设置品牌社区园地，可以吸纳品牌的"粉丝"参与社区，但需要有专人负责社区建设，构建社区成员结构，回答成员的问题。主导者也可以是消费群体中的意见领袖，由与品牌具有共同价值观的"粉丝"构成，同时企业也可以获取各种品牌社区信息，参与到品牌社区的活动中来。品牌社区可以是线上的网络社区，也可以从线上转到线下形成实体社区，使线上的互动沟通变成线下的聚会、主题活动。品牌社区是通过增强品牌与社区成员之间的关系，以及分享品牌价值体验，从而对消费者的购买决策形成影响，也对消费者的品牌忠诚感产生影响。消费者可以通过加入品牌社区来建立与其他成员的情感联系，分享品牌的各种知识和社会关系。一些品牌学者考察了美国吉普车团队活动后，发现品牌社区的力量明显地影响了所有参与品牌活动成员的行为。与此同时，他们认为在品牌社区中存在一些核心成员，他们对品牌有更高的熟悉度和忠诚度，企业需要强化与核心成员的关系，因为他们对社区的其他成员拥有非同小可的影响力。

### （二）社区成员需求与品牌形象传播

新媒体环境下，品牌社区传播的突出特点是以社区成员的需求为中心，满足需求的过程就是品牌形象传播的过程。社区成员的需求可以分为以下三类：

1. 信息需求

一是产品、品牌信息或销售信息需求。企业要在网页、移动终端推送产品、品牌和销售的相关信息，也要在平台上设置搜索功能，便于消费者和社区成员获取信息，也要为社区成员之间的互动沟通提供方便的渠道。

二是娱乐性的信息需求。娱乐性是新媒体环境下品牌形象传播的突出特点，包括社区中围绕品牌所制作的笑话、游戏或搞笑视频等。为了让社区内与社区外的成员感觉有趣，从而主动转发和传播，制造的信息甚至可以"卖萌"。

三是解决实际问题的信息需求。社区成员为完成某个具体任务而通过社区寻求帮助，如解决方案、形成概念或是验证购买决策等。

2.感情和精神需求

社区成员之间可以在互动沟通中建立相互信任的关系，寻求帮助、友谊和寄托，可以从繁忙的日常工作和生活中解脱，实现一刻的休闲娱乐，丰富自身的精神世界。社区成员的这种感情和精神依托通过品牌文化塑造过程来实现，演绎了以品牌为媒介的成员之间的相互信任，是深层次的品牌形象传播过程。

## 七、展览传播

品牌展览已经实现了由场地展览转化为网络展览的形式，并配以图文、声音、视频，成为品牌形象传播的重要途径。

### （一）会展平台的品牌形象传播

会展经济的发展为品牌形象传播提供了一个全新的渠道，也为品牌与客户提供了一个交互的平台。国际、国内各个行业都定期组织行业内的产品展销会，比如机器人展览会、环保设备展览会、糖酒会等。在这些展会中，聚集了大量的同行业生产厂家，是学习体会产品技术、观摩产品设计、把握行业发展趋势的良好机会。展会吸引了大量的客户，通过展位设计，可以展示产品、增加互动、宣传品牌、洽谈业务，是企业提升销售绩效的有效途径。同时，也是企业推广品牌产品的优选平台。

在新媒体时代，会展平台可以完全平移到互联网上。其具有灵活多变的传播手段，不仅可以传播单一的图文内容，展示会展的产品及品牌，还可以增加视频、音频等多种传播形式，甚至可以有更多的趣味元素融入到会展中，如在会展传播系统中的按钮点击，赋予了更多可能性的变化，迎合了受众从视、听、阅读以及情趣化色彩的心理体验到行为表现的需要，使其产生绝佳的体验效果。此外，还具有企业网站、会展中心网站等丰富的传播渠道，不仅成本低，而且效果好，因此受到中小企业的青睐。

**（二）艺术展览的品牌形象传播**

艺术展览可以实现品牌的互联网传播。对于高端品牌和奢侈品品牌而言，艺术展览越来越受到品牌管理者的重视，艺术展览是对高层次品牌文化的阐释，将产品用艺术展览的形式呈现在人们眼前，以艺术审美的角度来解读产品巧妙的构思、精湛的技艺和品牌背后的文化内涵，探寻品牌发展及其历史文化的形成过程，把产品纳入艺术的范畴，使品牌在文化中得到升华。目前，很多企业把博物馆作为品牌艺术展览的平台，如葡萄酒庄园的制作工艺、酒藏、品尝等一体化的艺术展览，还有汽车公司的汽车博物馆、农业公司的农业博物馆等。高端品牌和奢侈品品牌可以通过艺术展览平台，营造一个特有的品牌体验氛围，引导消费者从品牌认知较肤浅的"商品驱动型"转变为深刻认知的"体验驱动型"，通过品牌文化体验提高品牌的艺术价值和核心价值。

# 参考文献

[1] 周祺芬，胡树斌.VI品牌形象设计[M].北京：航空工业出版社，2022.

[2] 孙霞.品牌形象设计与策划[M].长春：吉林美术出版社，2019.

[3] 江平.城市品牌形象研究[M].长春：吉林美术出版社，2018.

[4] 望海军.品牌形象设计理论与方法[M].北京：中国纺织出版社，2019.

[5] 常利群.品牌形象设计[M].北京：北京理工大学出版社，2017.

[6] 唐灿灿.现代城市品牌形象塑造与传播研究[M].北京：北京工业大学出版社，2021.

[7] 薛生辉.形象设计与品牌塑造[M].合肥：中国科学技术大学出版社，2017.

[8] 李英伟.品牌视觉形象的创新设计与传播[M].北京：中国纺织出版社，2019.

[9] 朱健强.品牌形象识别与传播[M].厦门：厦门大学出版社，2010.

[10] 赵元蔚.品牌形象传播[M].长春：吉林美术出版社，2018.

[11] 李英伟.品牌形象的个性化设计探索[J].老字号品牌营销，2022（09）：21-23.

[12] 吕丽丽.基于品牌形象的辅助图形多维化应用研究[J].湖北科技学院学报，2022，42（02）：143-147.

[13] 陈晓环，单皎洁.融媒体时代的品牌形象如何打造[J].国际品牌观察，2022（08）：62-67.

[14] 何美杉，谭文青，谢若一等.品牌形象策划与网络营销策略分析[J].商场现代化，2022（02）：54-56.

[15] 赵欣.产品品牌视觉形象动态化设计研究[J].西部皮革，2021，43（24）：136-137.

[16] 杨超，梁蓝波.国际品牌形象设计的"融民族性"表达[J].包装工程，2021，42（22）：359-366.

[17] 李宜霖.分析品牌形象的设计及趋势[J].艺术品鉴，2021（30）：125-126.

[18] 吴悠.社交媒体时代的品牌传播策略研究[J].商业文化，2021（23）：30-31.

[19] 关键. 品牌形象与视觉识别 [J]. 现代广告, 2021 (11): 58-59.

[20] 杨凌. 品牌形象中字体设计的创新 [J]. 艺术研究, 2021 (04): 170-172.

[21] 赵珊珊. 品牌形象情感化设计研究 [D]. 长春: 长春工业大学, 2022.

[22] 方超. 品牌形象对品牌忠诚影响研究 [D]. 南昌: 江西师范大学, 2022.

[23] 周莹. 基于情感化理念的品牌形象设计研究 [D]. 南昌: 江西财经大学, 2021.

[24] 王飒飒. 新媒体平台中的小微品牌传播研究 [D]. 北京: 北京邮电大学, 2016.

[25] 刘微娜. 新媒体语境下初创企业的品牌传播现状、问题与对策 [D]. 合肥: 安徽大学, 2014.

[26] 罗丹丹. 新媒体环境下品牌传播的研究 [D]. 重庆: 西南大学, 2012.

[27] 李文慧. 公共关系视角下安踏品牌形象塑造的研究 [D]. 兰州: 兰州财经大学, 2023.

[28] 张文佳. "泡泡玛特"盲盒文创品牌的形象塑造研究 [D]. 扬州: 扬州大学, 2022.

[29] 楚睿智. "面面俱到"烩面品牌视觉形象的塑造与传播 [D]. 成都: 四川音乐学院, 2022.

[30] 邹达豪. 新时代下政府品牌形象的塑造与传播研究 [D]. 武汉: 武汉大学, 2017.